品成

阅读经典　品味成长

顺应心理，
轻松度过青春期

维尼老师

著

人民邮电出版社

北京

图书在版编目（ＣＩＰ）数据

顺应心理，轻松度过青春期 / 维尼老师著. -- 北京：
人民邮电出版社，2024.1
ISBN 978-7-115-63271-5

Ⅰ．①顺… Ⅱ．①维… Ⅲ．①青春期－家庭教育
Ⅳ．①G782

中国国家版本馆CIP数据核字(2023)第230991号

◆ 著　　　维尼老师
　责任编辑　马晓娜
　责任印制　陈　犇
◆ 人民邮电出版社出版发行　　北京市丰台区成寿寺路 11 号
　邮编 100164　　电子邮件 315@ptpress.com.cn
　网址 https://www.ptpress.com.cn
　三河市中晟雅豪印务有限公司印刷
◆ 开本：880×1230　1/32
　印张：11.375　　　　　　　　2024 年 1 月第 1 版
　字数：222 千字　　　　　　　2024 年 1 月河北第 1 次印刷

定价：59.80 元

作者自序

　　《顺应心理，轻松度过青春期》首次出版后受到了读者广泛的欢迎。很多读者给我反馈，这本书平息了他们内心的焦虑，认识到孩子进入青春期后与小时候有很大的不同，所以家长需要与"孩"俱进，掌握适合青春期孩子的教育方法，学会处理与孩子之间的关系。从许多中学家长的反馈来看，书中的一些理念已经深入他们的内心，成为他们交流时自然流露出来的想法。比如，很多读者已经放下了对孩子学习成绩的过度执着，开始重视孩子的心理健康；很多读者也认可我的观点，孩子进入中学后，家长需要适当降低期望和要求，孩子能够正常上学，身心健康就好，其他方面，在努力之后顺其自然就可以了。有了正确的认知，才会有淡定的心态。

　　到了青春期，如果父母过于焦虑，就会给本就处于压力之下的孩子再增加一层压力，甚至压垮孩子；而家长如果学会调整自己的心态，就会给孩子带来慰藉和帮助，帮助孩子相对轻松地度过青春期。

　　青春期孩子的家庭教育比较复杂。孩子越来越有自己的主见，不喜欢父母的唠叨和说教，不愿意父母过多地管教自己。而很多父母不适应孩子的变化，仍然使用过去的做法来教育孩子，所以容易引起矛盾和冲突。与此同时，孩子学习压力巨大，情绪容易波动甚至出现心理问题，此时家庭教育就像走钢丝，稍不注意，就容易引起更大的问题。所以，父母需要了解青春期孩子的特点，及时转换教育方式，更多地放手，让孩子自己做决定，更多地考虑孩子的感受和心理。顺应心理的家庭教育理念可以说更适合青春期的孩子。

先顺应孩子的心理，建立良好的亲子关系，这样孩子才会愿意听父母的建议，才愿意接受父母的帮助；先理解和肯定孩子的想法，再提出自己的建议，孩子才愿意沟通；先放下期望、降低要求，才能平复心态，至少可以让孩子保持良好的状态，在此基础上等待孩子成长。考虑孩子的心理、感受，孩子情绪平稳、愉快了，才能够轻松一些度过这个有些艰难的时期。

本书重新出版，与实力雄厚的人民邮电出版社合作，希望借助他们专业的力量，让更多的读者接触、了解、掌握更适合青春期家庭教育的理念和方法。如果能够给家长带来一些改变，给孩子一个更好的成长环境，给孩子带来希望和幸福，那是我最愿意看到的。

长久以来，很多热心的读者一直在推荐我的书，因为他们相信我的书也会给亲朋好友的家庭带来幸福，这就是在传播幸福吧。在此，表示深深地感谢。

目录 1

X

第一章

准备好了吗？青春期来了

青春期开始时，孩子大多在上初中，有的孩子发育早，小学五六年级就开始进入青春期了。孩子在青春期的种种表现，与孩子生理、心理变化有关，也与父母的教育方式不能适应孩子的转变有关。

青春期首先是成长期，孩子的自我意识增强，逐渐有了越来越多的独立、自主、自立的要求，希望有更多的自由和空间，有了自己的思想和主见，这说明孩子在逐渐走向成熟，这些也是成长的宝贵动力。

青春期也是磨合期，父母的教育方式跟不上孩子的成长、变化，自然容易产生矛盾和冲突。所以父母需要不断做出调整，才能适应孩子的变化。父母改变得越早，磨合适应得越好，孩子的青春期就越容易安然度过。

一位高中男生的妈妈说："孩子初中的各种表现可让人烦躁了，到了高一好像就好了，青春期过去了。我一直在调整自己，可能经过了几年的工夫，慢慢适应了孩子的变化，孩子觉得舒服、自在了，也就没有那么多逆反的表现了。"

如果磨合出了问题，青春期就成了阵痛期。孩子自尊心强，比较敏感，不愿意受到过多的控制，对强迫、训斥、打骂很反感，又恰逢中学，学习压力大，父母和孩子都容易焦虑，处理不当，焦虑、烦躁、火气频发，摩擦、冲突可能就是家常便饭了。久而久之，有的孩子会越来越逆反。

孩子的逆反，虽然让父母感到烦恼甚至痛苦，但这也是孩子本能发出的一种信号，提示父母需要做出改变了。如果父母能够及时做出调整，那么对孩子的成长无疑是一件好事。

如果父母一直压抑孩子、伤害孩子，孩子却不逆反，父母就不知道自已存在问题，还会沿用错误的教育方式。问题爆发得越晚，对孩子积累的伤害就越多。

那么，处于青春期的孩子一定会逆反吗？

第一节　青春期等于逆反期吗

由于学习压力大，孩子比较敏感，父母说话、做事又难以一直恰如其分，所以青春期的孩子与父母之间有一些磕磕绊绊是正常的，父母有时也会感到有些煎熬。但是，只要教育方式合理，要让孩子不逆反，还是相对容易做到的。

一名初二男生开始有些逆反，很烦妈妈。妈妈在我这里咨询之后彻底改变了自己，不唠叨，学会顺应孩子，亲子关系越来越好，后来孩子对妈妈说："我本来想逆反来着，但是你现在这样，让我没什么可反的啦。"

以下是一位高中生的妈妈说的话。

我从孩子读小学高年级时开始学习维尼老师的理念，一晃孩子都上高中了。一路走来，我实践、应用顺应心理的方法，放下家长权威的架子，和孩子平等相处，亲子关系自然就和谐了。儿子没有表现出青春期的叛逆。我们俩聊过这个话题，孩子说咱俩关系这么好，我怎么好意思叛逆呢？

以下是一名初三女生说的话。

小时候父母很凶，我也叛逆过。上了初中父母好像变了，好相处多了，我之前看其他家长说自己和孩子的相处情况，简直亲密无间，觉得好生羡慕，所以决定为他们改变，也是为了自己。

而另外一名初一女生则这样说。

我感觉父母不大尊重我，而且感觉他们所做的大部分都不对，所以大多数时间会叛逆，只有我认为对的才会服从。如果父母能够理解和尊重我，不强迫和压制我，给我一些自主和自由，我不会逆反的。

奶奶对我时好时坏。她有时对我很好，但有时她心情不好，要是我惹了她，就会冲我发火，把我以前的过错全都说出来。凭什么啊？！我很生气，也会和她犟，然后大吵一架。我其实也不想这样，过后也有些后悔，但是没有办法。

看来，孩子是否逆反，与父母的教育方式有很大关系。孩子逆反，虽然不能说全是父母的责任，但一定有父母的原因。

为什么同样的教育方式，在孩子小时候没有太大的问题，现在却频频引发冲突呢？

到了初中之后，学习各方面的压力增大，特别是临近重要考试，学校会弥漫着紧张焦虑的气氛，孩子容易烦躁，父母也比较焦虑，所以，如果处理不当，就容易产生摩擦。

孩子小时候可能对很多事情不在意，也忘得快，但是到了青春期，会对父母的不合理言行比较敏感。以前父母批评、训斥都没事，而现在即使唠叨多了、语气不好、表情不对，也会引发孩子的焦虑、烦躁、愤怒等情绪。而且这些不愉快的体验不像小时候那么容易忘怀，慢慢会在孩子心里积累，逐渐形成反感和成见，那么就会对父母的不合理言行更为敏感。

一位妈妈这样说。

我儿子从小有些调皮，学习时坐不住。我一直用强迫打骂的方式逼孩子学习，当时还是有效果的，逼一下，骂一下，成绩也就上去了。但是孩子一直不爱学习。到了初中，这种方式就不管用了，孩子开始反抗，甚至和我对打。成绩逐渐下降，初一还能考前三十名，初二就倒数了。孩子在家里完全不学习了，经常用仇恨的目光看着我。

一位初三男生的妈妈在我这里咨询，她刚刚经历了孩子暴风骤雨般的反抗、爆发。她说："现在回想起来，小时候因为孩子看起来被教育得很成功，学习成绩优异，所以一直以为自己的教育方式是对的。孩子上了初中，长大了、变了，而我还延续小学阶段的教育方式，没有跟随孩子一起成长，还是对孩子要求太高，过于严厉，不考虑孩子的感受，孩子的压力和怨恨积累得越来越多，最后终于爆发，不去上学了。"

孩子的逆反往往是本能的反应。父母的教育方式让他压抑、痛苦、烦躁、焦虑，反抗之后，还能引起父母的警醒，给自己一些自由呼吸的空气和空间。不然，父母可能根本意识不到问题，自然更不会做出改变了。

实例：孩子的逆反，让我重新审视自己

我以前是一个认真负责，但严厉得近乎苛刻的妈妈，对孩子总是高标准、严要求，几乎很少考虑孩子的感受，总以"爱孩子"的名义压迫孩子。在小学阶段，孩子表现尚好，阳光、好动，可到了初中，他思想消极、厌学、叛逆，感觉就像变了个人似的。

我以前看过维尼老师的《顺应心理，孩子更合作》，但当时只是泛读，并没有领会其精华，也没有去践行。现在出了问题才能静下心来学习，有了更深刻的领会。

向维尼老师咨询之后，我慢慢放下了对于孩子的成绩的过度执着，学会理解孩子，接纳孩子的现状，多考虑孩子的感受，多顺应孩子。没过多久，孩子逐渐不那么叛逆了，有一次和我说了他许多的苦恼与委屈。我真的难受极了，不知道这些年自己都对孩子做了些什么，以为自己很爱孩子，全身心地关注与付出，可结果呢，孩子过得压抑、痛苦、委屈，我想叛逆可能是他最后一根自救的稻草了，如果他不叛逆、不强烈地反抗，我根本就不会去反思自己的错误。就像维尼老师说的，坏事变好事，孩子的问题早暴露出来也好，

父母可以及早调整，减少对孩子的伤害。

　　我那颗焦虑的心渐渐淡定了，不再那么容易激动、那么容易发火了，即使偶尔发了火，也会及时向孩子道歉，告诉孩子："不管出于什么理由，妈妈发脾气就是不对的，妈妈也是第一次做妈妈，也是在学习成长中，难免也会犯错，请原谅！"而且，在每次发火后我都会及时写日记反省自己的错误，找到自己不合理的习惯性思维，改变自己的认知。在维尼老师的鼓励与影响下，我不断地与孩子沟通，站在孩子的角度去理解孩子，发现很多事情真的是情有可原的，慢慢地越来越理解和接纳孩子了，孩子与我也越走越近，常常对我说："妈妈，有你真好！"我深感欣慰。

　　经过一段时间的努力，孩子的叛逆不见了，还时常像小时候那样在我面前撒娇。知道孩子不再压抑自己，我越来越开心，愧疚的心终于放下了。最近我发现，以前比较自我、顽固不化的孩子做事前总喜欢和我商量、讨论了，真的有些意外和惊喜。

　　也许是心情好了，压力小了，孩子的学习状态也越来越好了，思想不再那么消极，我每天布置的任务他都会尽力去完成，偶尔没完成，想想维尼老师说的"规则的执行要有弹性"，对他也不再去多指责了，结果第二天孩子会做得更好些。想起老师说的"孩子都是想好的"，看来确实是这样。

　　虽然自己和孩子之间还有诸多问题，但是我的心淡定平静了许多，亲子关系也好了很多，就像维尼老师说的"教育不必只争朝夕，可以慢慢来"，我慢慢地陪伴孩子成长，等待他一点点地进步。

实例：为什么我做得很用心，孩子却出了问题

有一个初中男生，很多事情都能做得出色，但是敏感、脆弱，在受到一次打击之后，到了崩溃的边缘，不上学了。

他爸爸无法接受这样的结果，很疑惑：从小我没有逼迫他学什么，很多事情也顺应了孩子的选择，比起很多父母，我在孩子身上花费了更多的精力，为孩子筹划好很多事情，对孩子付出了很多爱，感觉家庭教育没什么问题，我这么用心，付出这么多，为什么孩子会这样，让我的努力付诸东流？

我和他一起去寻求答案。慢慢发现他的教育不是没什么问题，而是问题很多。比如，每当孩子对老师和同学不满意时，他总是让孩子先找自己的原因，所以，慢慢地，孩子有了事情也不和他说了。但是恰好孩子的班主任比较苛刻，孩子压力很大，与同学相处也出了问题，孩子因此很压抑，又没有得到及时疏导，为后来问题的爆发埋下了伏笔。

孩子早上起不来，爸爸总觉得孩子应该自觉起床，所以叫孩子起床时常常不耐烦，孩子早上本来就容易情绪不好，这样一来就经常发生冲突，导致一天都没有好心情。

爸爸很在意一些小事，比如孩子懒得收拾房间，他则觉得一定要让孩子养成好的卫生习惯，所以，就会坚持让孩子收拾，为此

常常发生冲突。其实，很多人都懒得收拾房间，这又有什么大不了的？为此和孩子发火，让孩子感到压抑，真的值得吗？

孩子有时和妈妈吵起来，爸爸认为这是不尊重父母，所以会逼孩子承认错误，孩子不愿意，就会冷落孩子，不理孩子，让孩子自己琢磨反思。他认为这是冷处理，而孩子感受到的是冷暴力，感觉很恐怖。

爸爸认为自己的观点是正确的，孩子的观点不是正能量，所以坚持自己的观点，常常一言不合就和孩子吵起来。孩子逐渐逆反，亲子关系疏远，缺少了家庭的温情。

所以，孩子其实一直是被压抑的，虽然爸爸付出了很多，但是给孩子的心理带来了很多负面的影响，逐渐积累，越来越严重。

而妈妈本身就是敏感的性格，对很多事情放大、纠结、执着，这种性格不知不觉地影响了孩子，孩子可能天生就有些敏感，在朝夕相处之中又受到了妈妈的影响，不知不觉中复制妈妈的思维模式，从而更加敏感。

另外，父母虽然用心，但是由于不懂得孩子的心理，不懂得如何去帮助孩子，孩子靠自己也难以走出心理困境。

家庭教育不是一件容易的事情，尤其是当孩子青春期遇到巨大的学习压力时，就比较容易出问题。父母需要学习合理的教育理念和方法，和孩子处好关系；也需要学会一些解决问题的方法，及时帮助孩子；父母最好先自我成长，否则容易给孩子带来负面影响。

第二节　青春期，阵痛伴随成长

有一位初二女生的妈妈在我这里咨询。孩子状态看起来一直还不错，学习位居前列，性格比较温和，从来没和父母吵过架。不过孩子性格比较敏感，平时和父母交流不多。

暑假发生了一件事情。孩子有一次和一个男生单独玩了半天，妈妈和孩子谈了此事，给了她一些建议，孩子当时很紧张。此后，孩子渐渐有了一些变化，比如想玩手机，妈妈不同意，孩子就不高兴。孩子逐渐有些逆反，情绪波动比较大，和父母交流时爱搭不理。孩子虽然表面上不和父母起冲突，但内心是抗拒的。后来孩子在学校里也开始逆反，状态不好甚至有些异常，老师和孩子交流，孩子说父母对她管得较多，感觉比较压抑，她不想和父母多交流，怕引起冲突。

这给了父母很大的触动，开始反思自己。以前对孩子管控较严，比如手机只有在周末才给；经常看着孩子写作业，让孩子感觉被监视；对孩子的成绩过于关注，对于心理和思想则关心较少；妈妈工作比较忙，爸爸不善于交流，所以有质量的沟通不多；对孩子要求多、管束多、批评多、指责多，而鼓励和肯定很少，不能好好地接纳孩子。

　　意识到存在的诸多问题之后，父母对孩子的管控宽松了一些，亲子关系有所改善；也开始注意倾听孩子的想法，孩子与父母的交流多了一些。不过后来问题还是频频出现，比如孩子感觉作业太多、做得很累，很晚睡觉，所以不想写作业，常常完不成作业，上学迟到，玩游戏有些入迷，偶尔不上学，在学校也是无精打采。

　　冰冻三尺非一日之寒，这些问题其实潜伏了很久，父母的教育方式一直不太合理，只是以前孩子还小，问题没有暴露出来，孩子看起来还不错而已。到了青春期，孩子独立、自主的意识觉醒，不愿意再被压抑，恰逢中学的学习压力很大，孩子可能难以面对，所以一个小的导火索就可能让孩子开始转变、抗争。此时父母往往不得不让步，以前靠压制掩藏的问题就爆发出来了。

　　这是一种阵痛，不过，也是父母和孩子一起成长的过程。如果不出现这些问题，那么父母就不会意识到需要改变自己，还会像以前一样过多地管控，不考虑孩子的感受，不关注孩子的心理，不注意和孩子有效地沟通，亲子关系也是疏远的。那么孩子一直是被压抑的，不能充分感受到家庭的温暖，这对孩子的心理、性格的发展都有负面的影响。如果不及时改变，可能会影响孩子的一生。

　　处于青春期的孩子就像破茧而出的蝴蝶，用抗争有意无意地提醒父母改变，同时也在本能地调整自己、成长自己。比如，以前孩子敏感，很在意别人的感受，比较脆弱，现在则不那么在意了，常常说的一句话是无所谓，没关系。这样一来，孩子自然会坚强淡定一些。孩子以前有什么郁闷、不满，会憋着、忍着，现在则敢于表达自己的想法，敢于宣泄了——不压抑自己，有利于心理的健康。孩子以前比较执着，现在则想自由一些——不过于勉强自己，也是一种进步。孩子学习态度的转变，也让父母重新思考如何规划孩子将来的求学之路。孩子目前的变化虽有些矫枉过正，但是成长的过程难以总是恰如其分，螺旋式上升是一种常态。

在父母不断调整自己之后，孩子也慢慢有了一些进步。孩子以前听得多，表达少，现在则会告诉父母自己的想法和感受；孩子以前不爱和父母在一起，现在会撒撒娇，在父母屋里"赖"一会儿。

不过，孩子的很多问题出现之后，解决并不容易，大多数父母不知所措，处理不当，可能让亲子关系越来越糟糕。《道德经》说："其安易持，其未兆易谋。"意思是说问题在没有出现之前是容易解决的。大部分孩子在青春期来临之前还是比较容易相处和合作的，所以如果此时父母能及时改变自己，学会顺应心理的教育方式，那么问题会出现得较少，也较容易解决，孩子的青春期也会安然度过。

第二章

你了解青春期的孩子吗

第一节　孩子需要的是什么

孩子到了青春期，父母也到了不惑之年，忘记了自己青春期时的感受，而且现在孩子的需求与父母那个时代又有所不同，所以，父母需要重新去了解，才能更好地与孩子相处，适应孩子的变化。

现在孩子们需要的是什么？一名高二女生这样告诉我。

我需要父母的理解；

需要爸妈给我一些自由；

希望爸爸妈妈不要拿我的成绩跟别人对比；

希望爸爸妈妈能多多地鼓励我；

我需要的是爸爸妈妈能理解我的感受，

能够多陪陪我，

能信任我。

我很爱他们，可是我也想他们能用"我爱他们的方式"来爱我，也就是像朋友的方式一样爱我。

我曾经和一些中学生交流过，他们的心声需要引起我们的重视。

1. 孩子需要的是父母的鼓励、肯定和帮助，而不是火气、过度的批评和指责。

一名初中男生这样说。

父母很少肯定我、帮助我、鼓励我，往往因为一件小事就大声批评我。我知道他们爱我，但是他们大发脾气、无情地指责我时，我就感觉他们恨我。而每当我抱怨时，他们就说我脾气大。

2. 孩子希望父母注意表达的方式。
一名高一女生这样说。

父母总是逼我学习，他们总说谁家孩子考上了什么大学，谁家孩子学习多么好……我不是不爱学习，但是我讨厌他们用这种方式来刺激我，让我感觉很压抑，真的不想听到他们这么说。

3. 孩子希望父母理解自己、了解自己。
一名初二女生这样说。

父母不理解我，不了解我，不知道我喜欢什么，不知道我在意什么，不知道我真正需要的是什么。

4. 孩子希望父母尊重自己，考虑自己的感受。
一名初三男生这样说。

父母总说我不尊重他们，但要不是他们惹我的话，我是不可能主动惹他们的。他们不尊重我的时候很多，我经常躲在墙角自己忍着。他们不经意的话，有时会戳中我的伤疤，很疼的，简直是肆意地伤人。

5. 孩子希望和父母像朋友一样相处。

一名初一女生这样说。

我不喜欢在家里。父母不会放下身段和我做朋友，感觉总在命令我。他们总说什么都是为了我好，但是从小到大他们打我就像家常便饭，而家就像监狱，很阴暗。他们总说我没有亲情感，其实我也很爱他们，只是怕他们，不知道说些什么。现在只有在学校还是快乐的，感觉同学们懂我，我们聊得来，因为我和他们是平等的，说话很自然。

这名女生写了一首诗，让人深省。

家愁

小时候，
家愁是没有爸爸妈妈的耐心。
一声声叫骂，还有，
爸爸瞪大的眼睛，
皱起的眉头，
凶恶的神情，

在我幼小的心灵里，埋下了种子。

长大，步入青春期后，

家总是没有爸爸妈妈的理解。

那些种子似乎并没有改变，

但渐渐地发芽了，

我逐渐疏远了他们。

而现在，

家总是没有爸爸妈妈的包容、信任、鼓励。

当我做错事时，我最需要爸爸妈妈的包容，

可……

当我考试没考好时，我最需要爸爸妈妈的信任和鼓励，

……

我多么希望生活在一个温馨的家里啊，

没有吵闹声，

没有叫骂声，

身体上下被击打的伤痕，

现在虽已消失，

但在我心里却留下了永远无法抹去的烙印。

第二节 青春期孩子的特点

进入青春期，孩子各方面逐渐有了一些新的变化。

那么青春期的孩子都有什么特点呢？

学习压力大

在 20 世纪 80 年代，父母往往认为学习是孩子或学校的事情，不会过多地去关注。而现在大部分父母认识到家庭教育对于孩子成绩提高的作用，往往会尽力帮助孩子学习，让孩子提前学习。这就是剧场效应：在剧场里，前排有几个人站起来了，发现能更好地看到舞台上的表演，导致后面的人不站起来就不能好好看戏，最后大家不得不全部站起来了，其实并没有看到更精彩的场面，却都比以前累。现在的学习就是这种局面，家长、孩子、学校你追我赶，不比别人更努力就会落后，学习压力越来越大，孩子越来越累，其实可获取的教育资源总量并没有什么变化。

孩子的青春期恰逢中学时期，学习任务更重，竞争激烈，来自学校、老师的压力大，很多父母和孩子对于学习成绩过于执着，所以，双方的压力常常都大，容易紧张、焦虑、烦躁，自然容易产生摩擦和冲突，孩子也容易出现心理问题。这也是东亚地区孩子青春期的特别之处。

一位妈妈这样说。

邻居家孩子今年中考，从初二起，几乎每天半夜11点左右，先是妈妈歇斯底里地指责孩子，接着是孩子大声对妈妈说："滚。"之后是桌椅倒地和打骂的声音，然后是爸爸的一声吼叫，有时候伴着一声清脆的耳光声，最后是孩子呜呜的哭泣声。

从表面看，好像各家都风平浪静，不过从我在中学微信群里了解的情况来看，虽然上面的例子有些极端，但各个家庭因为学习而频繁产生冲突的现象很普遍。

一位孩子学习成绩一般的妈妈感叹："在现在的应试教育之中，我和孩子就像飞蛾扑火。"另外一位孩子学习成绩还不错的妈妈则说："谁不是处于水深火热之中啊！"

所以，如何帮助孩子从容应对学习，减少亲子双方的压力，是让孩子顺利度过青春期的重要课题。

自尊心强、敏感

进入青春期，孩子的自尊心逐渐增强，再加上压力大，所以，更加敏感，对于批评、指责、打骂难以接受。有时甚至父母说话的语气和态度不合适，也会引起孩子较大的反应。

※ 以前打击孩子一顿，孩子当时很难受，到了第二天好像就全忘记了。现在正好相反，说孩子一次的后果很严重，孩子会大发脾气，对我不敬，我也只好忍耐，第二天装作没什么事情，对孩子笑脸相迎。

※ 我一直施行棍棒教育。以前打他他也不记仇，一会儿就忘了。但现在他老是提起小时候的事，说打他太多，不让他这样不让他那样，等等，对我们都是不满的情绪。

孩子的面子问题是我们需要考虑的。
一名初二女生的爸爸这样说。

有一次我和孩子因为玩手机的事情发生了特别激烈的冲突。第二天孩子请假没去上学。第三天她情绪还是非常不好，出了门说是上学去了，我担心她有什么意外，所以就发了短信给班主任。可是班主任处理得有点儿欠考虑，他没有找我女儿谈，而是直接在班里说，虽然没有指名道姓，但前一天请假的只有我女儿，同学们都心知肚明，有些同学就看向我女儿。这个冲突事件在班里传开，也传到了其他班。她觉得非常没有面子，没有脸去学校了，后来就不去上学了。

自我意识增强

孩子越来越有自己的想法、独立的意识，不再认为父母都是对的，所以，不那么顺从或服从父母了。如果孩子觉得自己的想法有道理，强迫其改变会引起反感或反抗。

初三女生妮妮这样说。

现在上初中了，从仰视父母到现在的平视，我不再像小时候那么畏惧他们了，可能是因为我长大了。我不能再任凭父母打骂，不是我的错就不能莫名其妙背上黑锅，不能任凭他们颠倒是非。我不再像小时候那样忍，忍多了心理阴影就多了。

一位妈妈这样说。

孩子会说"不愿意做的事情，我就是不做"。小学时不是这样的。

对此很多父母都有同感。

※ 孩子小学时挺乖的，听话、胆子小，我属于控制型父母，比较严厉，孩子被训也不敢讲话，但是现在进入初中，孩子敢反抗了，以前的那一套就不管用了。

※ 以前孩子逆反，现在我们很多事情学会顺应他。有事情不是逼迫他听我们的，而是商量一下。比如有事情就一起沟通一下，我

们说一下自己的看法，孩子也提一下他的想法，最后折中一下。现在孩子已经不逆反了，基本不提过分的要求。他觉得妈妈辛苦，要求过分他自己也觉得不好意思。

需要更多的自主和自由

孩子不喜欢被过多干涉和控制，希望有自己独立的空间，希望能自己做一些决定。

孩子小的时候，常常依恋父母，黏着妈妈，让很多妈妈不胜其烦。但是，还是好好享受这份甜蜜的烦恼吧，因为孩子到了青春期，可能就不那么依恋父母了。如果父母唠叨和管束得多了，孩子可能会让你闭嘴，或者把房间反锁，以拥有一处独立自由的空间。

另外，很多事情要多和孩子商量，尤其在小事上多让孩子做决定，满足孩子自主性的需求。

越来越难以改变

一位妈妈这样说。

和孩子一起度过了初中三年，临到孩子毕业我才明白，孩子的问题不是对他进行打压就能逼他改正的，也不是对他宽容他就能自己改正的。大多数问题短期内改变不了，只能先接纳。

夫妻在一起生活，最常见的矛盾是想按照自己的标准、想法来改变对方。应该说，有些方面是可以改变的，但是，某些方面又往往难以改变，如果执意去改变、急于改变，势必产生矛盾、冲突，影响关系。

亲子关系也是如此，父母自然希望孩子能更完美一些，所以总想去改变孩子。在小的时候，孩子就像一张白纸，相对来说容易塑造和改变。但是到了青春期，某些习惯、性格、心理、认知已经形成，有些问题已经根深蒂固、短时间内难以改变。此时如果急于、执着于改变孩子，自然会引发矛盾、冲突，破坏亲子关系，孩子不合作，改变就更难了。

那么为什么青春期的孩子有些问题难以改变呢？

首先，孩子的问题的形成，往往有多方面的根源，还可能比较复杂，父母需要找原因、想办法，还需要保持情绪的平和和良好的亲子关系，在这样的前提下，还需要长期的耐心等待，孩子才能改变。另外，有些问题如果父母没有较高的水平就难以改变；而有些问题即使有专业的水平，也难以改变。从我接受咨询以及育儿的经历来看，孩子身上有些问题能较快、有效地解决，有些则需要很长时间才能解决或者见到效果，而有些问题即使努力了很长时间也难有改善。

其次，青春期的孩子往往有自己的想法和主见，与小时候相比，他们对家长的崇拜、信任减少，怀疑、批判增多，言听计从的现象也越来越少。如果孩子觉得自己的看法合理，往往不那么容易顺从父母的意见。从另一个角度来看，我们认为孩子的想法和做法不合理，其实不见得就真是如此，只是他们想的、做的和我们不同而已，或者我们并不了解真实情况，所以，孩子不愿意改变有时也是有道理的。比如，有的高中孩子上完晚自习回来会玩手机或电脑，父母觉得需要改变，但这可能是孩子宣泄压力的方式，如果整天学习，他们就会觉得学习很枯燥。

再次，如果亲子关系不好，孩子不愿意听父母的话，父母又不能去强迫、逼迫他，那么改变起来自然更困难一些；如果逆反严重，那么孩子还可能油盐不进，甚至和父母对着干，改变起来就更难了。

最后，孩子的青春期恰逢中学时期，学习的任务重、压力大，问题相对比较复杂，孩子往往处于一种绷紧的状态，情绪、心理容易产生波动，父母说多了、说急了，会引起孩子较剧烈的情绪反应和抗拒，所以很多父母也只好作罢。

我曾经和女儿的班主任老师交流过，她说从初二就一直想纠正一名男同学的坐姿，但是初三快毕业了，他还是那样，现在想想，还是应该忽略这个问题，先接纳吧。一位非常优秀的班主任尚且如此，何况一般水平的父母呢？

我辅导女儿学习时也曾想让她坐得端正一些，但是因为学习时本来就有一定的压力，如果说多了会让她烦躁，甚至拒绝辅导。后来我想明白了，这些习惯并不容易改变，还是放低要求，接纳这个习惯以及其他不太理想的习惯，先不去改变，有一个放松的心态让辅导正常进行才更为重要。

老子说，治大国若烹小鲜，意思是治理大国要像煮小鱼一样。煮小鱼，不能多加搅动，多搅则易烂，治理大国应当无为而治。从某种角度来看，对待青春期的孩子也是如此。这一时期的孩子本身就比较敏感，而且学习压力大，如果总想改变孩子、纠正孩子，容易导致孩子产生情绪问题，破坏亲子关系。而且，父母解决问题的方法不一定合理，有时会错得离谱，有可能问题越纠正越多。

所以，父母需要有所为，但是也需要有所不为。有些暂时不可为的问题就先接纳，这样情绪会平和一些，行事比较理性，有利于良好亲子关系的建立，这反而更有利于促成孩子的改变。

当然，有意地改变孩子往往难以达到目的，但是父母对孩子的影响却会很明显，比如父母的负面情绪、语气、行为会明显地影响孩子，改变孩子的心理。

容易和父母对抗并占上风

有一位初中男生的妈妈向我咨询，孩子本来学习还可以，后来和一个不爱学习的同学走得很近，所以逐渐也不太爱学习了，玩游戏入迷，偶尔还会不去上学，表现得比较叛逆。

妈妈看了我的《顺应心理，孩子更合作》之后，改变了教育方式，亲子关系有所好转，有时管一下孩子还能听，但是游戏玩得还是比较多。爸爸很着急，想把孩子电脑的电源拿走，不让孩子玩了。

我劝爸爸不要采取这样的方式，不然好不容易建立的亲子关系又被破坏了。爸爸不听，说就要治治孩子，不让孩子玩游戏了，不听的话宁肯不要这个孩子，让他爱干什么就干什么去。态度非常坚决。

我只好让他自己体验结果。后来，孩子看到爸爸不给他电源，就不上学了。爸爸其实也没什么办法，只好把电源还给他，允许他玩了。

有一名初一男生，从小学起就有不上学的现象，到了初中这种现象偶尔也会出现，有一次孩子有两天不上学，爸爸去咨询了一位心理医生，医生建议要有底线，不能妥协，不能迁就孩子，结果父母和孩子闹崩了，之后孩子就真的再也不去上学了。如果父母当时学会顺应，不去和孩子斗，可能就不会发生这样的情况了。

我为很多青春期孩子的家庭做过咨询，如果和孩子闹得僵了，父母一般是斗不过孩子的。孩子会不上学，会离家出走，会去网吧通宵玩游戏，还可能会有更决绝的方式，而父母是不能承受这样的结果的，所以如果闹到这种地步，父母只能让步。

即使在对抗中父母暂时占了上风，也会增加孩子对父母的反感，进一步破坏亲子关系，长此以往会让孩子更加逆反，那时父母也不得不让步。

第三节　现在的青春期与从前的有什么不同

有一次与一位妈妈聊天，她女儿升入高中。刚刚经历过初中三年的煎熬，她感叹不已，回想当年自己的青春期好像没什么感觉就过去了，怎么现在孩子的青春期就这么难啊！

相信很多妈妈都有类似的感觉。

同是青春期，生理上的特点应该是一样的，为什么会有这么大的变化？这是因为环境变了，父母变了，孩子变了。

以前到了中学，父母不大管孩子的学习，学校抓得也不紧，所以孩子的学习压力不太大；而现在父母和学校对学习抓得都紧，竞争很激烈，学习任务重、难度大，所以孩子的压力大多了。在这种情况下，父母如果不管、不帮助孩子的学习，孩子就容易处于竞争的劣势，甚至对学习丧失兴趣和信心。而如果管得多、管得不合适，就容易引发冲突，破坏亲子关系。另外，以前吸引孩子的东西相对较少，而现在游戏、动漫等都容易让孩子着迷，所以管孩子的难度增大了不少。

以前的父母对家庭教育没有那么重视，虽然也管教但还比较顺其自然；现在的父母高度重视家庭教育，对于孩子期望高、要求高，有的还很执着，总想改变孩子，就容易管得太多，孩子又面临中考、高考的压力，所以，就容易焦虑、急躁、发火。

以前的孩子大部分觉得父母的话还是要听一听的，即使父母严厉管教甚至斥骂，大部分也勉强能接受。而现在青春期的孩子自由、自主、平等的意识增强，认为父母不应该冲自己发火、斥骂，没有权力管自己太多，自己有权力决定很多事情。所以，如果不考虑孩子的感受，不讲究教育的方法，管教就没有效果，而且常常会引发冲突，造成孩子逆反。

总而言之，高压之下的孩子敏感、难管，如果父母还管得多、管得急躁，就容易发生冲突，造成亲子关系紧张，之后更难管了，父母更加急躁、焦虑，从而形成恶性循环。

如果现在每个孩子都与以前的孩子有所不同，那么现在的孩子所处的环境自然与以前不同。如果同学、朋友爱玩游戏、爱看动漫、叛逆、不爱学习，孩子也会受到影响。

我女儿上初二，今年加入了本地的一个动漫圈，在暑假，动漫圈里的好多原先很优秀、听话的孩子，突然变得很叛逆，不去上学，夜不归宿。主要是因为动漫圈里那些辍学的孩子——年纪稍大点儿的——给孩子们间接灌输了不上学，吃吃喝喝、玩玩挺好的想法，直接影响了孩子上学的热情。现在，我女儿每天说好要去上学，但是到了早上起床的时间，总是找各种理由不去上学。

第三章

青春期家庭教育原则

以下是一位初二女生爸爸的记录。

晚上我回家之后，发现女儿气鼓鼓的，宣称不吃饭了。原来是因为她没有抓紧时间吃饭，在看手机，妈妈有些着急，语气不好，说了她。她本来很喜欢妈妈，现在和妈妈赌气，眼泪都要掉下来了。

我一看，此时不能再去说她了，否则就是火上浇油了。首先是理解，虽然此时看手机不太好，但也算正常，可能看到感兴趣的文章或和同学没聊完天。妈妈语气不佳，带着情绪，这会让孩子烦躁、难受。所以孩子生气也是可以理解的。

理解了，我的心情就平静下来，就不会去批评、责怪她，而会先接纳她的情绪和行为。

孩子躲在房间里不肯出来。我过去抱抱她，哄哄她，顺着她说了妈妈几句。一会儿，她就平静下来了。还告诉了我一个好消息，她地理考了高分，前所未有的高分，居然比班上一个学霸还要高。

我把她拉到饭桌前，一开始她不肯理妈妈，差点委屈得掉眼泪。我开开玩笑逗逗她，也让妈妈说对不起，很快她就好多了，母女二人和好如初。吃完饭，她很快就去写作业了。

晚上 9 点多发现手机摆在她的身边，我知道她肯定又和几个好朋友聊天了，这也可以理解。我笑眯眯地戳穿了她，告诉她没关系，即使真的聊天我也不会说她的，只是现在把手机放到客厅里吧。她嘿嘿地笑着照做了。

后来抄作文时已经比较晚了，她要求还挺高，边抄边修改、琢磨。我本来想让她赶紧抄完，以便预习一下明天的内容，但是这样的打扰容易让她烦躁，所以，就没说什么，她这样做也有道理，按照她自己的节奏来吧。

今天的作业很多，写完快 12 点了，第二天物理小考。也没时间复习，我想和孩子简单讲讲，但她已经很困了，算了，小考试也无关紧要，成绩顺其自然吧。想睡觉就早些睡吧，不去勉强她了。

这位爸爸的记录包含了青春期家庭教育的若干原则。如果能像这样和孩子相处，孩子的青春期就会少了许多风波。

但是，对家长来说，孩子的青春期还是会有些煎熬的。与幼儿园和小学不同，中学的学习压力有时很大，孩子又难以改变，相当考验父母的耐性和心态。所以父母先调节好自己的心态，少去影响孩子的情绪，少去较真，避免冲突。

一位即将中考的孩子的妈妈这样说。

忍是心上一把刀，自己气得内伤、吐血，痛得要死，也不能给孩子火上浇油，不能再和他较真，讲道理，发生冲突；如果已经发生了一点儿冲突，父母也要赶紧打住、闭嘴，缓和气氛，别给孩子脸色看。

如果心里郁闷、生气，只能自己找渠道发泄。我和孩子爸爸都要人格分裂了！我们在屋里气得要死，使劲偷偷骂，骂得也难听，发泄完了，然后看见孩子，仍然笑嘻嘻的，该怎样还怎样，要不，能怎么办？

另一位妈妈这样说。

只能这样，都是这样过来的，没办法。

以下原则适合于一般青春期的孩子，特别是学习压力较大、亲子关系紧张时，更需要谨记。

准备好了吗？青春期来了！

第一节　融洽的亲子关系是基础

到了青春期，亲子关系更加重要。有了好的关系，父母才有影响力，提出的建议孩子会愿意听一些，父母的经验和智慧孩子更愿意汲取，商量的约束和规则孩子更愿意遵守。而如果关系糟糕，孩子对父母反感、逆反，那么这些影响力会大打折扣或无从谈起，孩子甚至会和父母对着干。可以说，亲子关系好了，很多方法都可以用，即使最常见的讲道理、批评也会有效果；亲子关系不好，什么方法都可能会失效。有些孩子很逆反，我也没什么好办法，只是告诉父母先顺应孩子，缓解关系，之后才能有所作为。所以，与孩子相处首先要考虑亲子关系，可能会引起孩子反感、反抗的事情，就要考虑是否需要做出调整。

父母和孩子本来应该是亲密、相爱的，但是为什么会逐渐相见生厌，甚至成见很深、冲突不断呢？冰冻三尺，非一日之寒。孩子对父母的反感甚至叛逆，不是一两件事情造成的，往往是从一点一滴的小矛盾、小冲突，从一次次的不愉快、生气的经历开始的。亲密感逐渐减少，反感逐渐增多，如此一来更容易发生冲突，甚至逐渐升级、互相伤害，结果亲了关系越来越糟糕。

所以父母需要重视生活中的小事，学会考虑孩子的感受和心理，观察孩子的情绪，及时调整自己的教育方式、方法，尽量少让那些不愉快的事情来侵蚀亲子关系。

到了中学，父母对孩子的影响力会逐渐减少，学习问题父母也难以有效掌控和解决，所以需要更多地依靠孩子自己。而建立良好的亲子关系，有了亲密和谐的家庭氛围，有利于孩子发挥自身的力量。父母更多的是给予孩子鼓励和支持，帮助孩子应对学习压力。

第二节　多多考虑孩子的心理、感受

很多父母的眼里只有孩子的学习、孩子的优秀，为了达到预期的目标费尽心思，但是从来不去考虑孩子的感受，这就留下了隐患，不知道什么时候会出问题。

一位高二女生的妈妈这样说。

原来我不大考虑孩子的感受，不关心孩子的心理状态，只是一味地严格要求、限制孩子，结果孩子敏感、脆弱，以致不能上学，就这样周围的人还说我们惯孩子。向维尼老师咨询之后，发现老师的理念和周围人截然不同，我试着去考虑孩子的感受之后，孩子开朗了很多，有了笑容，也愿意和我说心里话了。

比如，以前我总觉得孩子应该按时起床，所以即使周末我也会叫孩子早早起床。孩子如果不起来，我语气就不好，孩子一大早情绪就会很差。维尼老师说，孩子平常睡眠不够，周末想多睡会儿，很正常。我想想确实如此，理解了孩子，就会让孩子多睡一会儿，叫孩子起床也会温和些，早上起来大家都有个好心情。

孩子这段时间总说要去上学，但到了时间却常常又不去了。我以前对此很生气，责怪她说话不算数，结果孩子生闷气，不理我。

维尼老师说，孩子其实是想上学的，但是因为她太敏感，上学对她来说存在着许多困难和压力，所以应该先理解、接纳她，考虑她的感受，再想办法帮助她克服这些困扰。这些是我以前没有想到的。回想过去，正是因为在很多方面一直没有考虑孩子的感受，才造成了许许多多的问题。

进入青春期，孩子变得敏感，有些事情父母觉得没什么，孩子却很在意。

一位高中生的妈妈这样说。

我们曾经和孩子发生过几次大的冲突，有一次爸爸打了孩子，有一次我情绪激动做了冲动的事情。当时孩子没有什么反应，好像很快就忘记、过去了。没想到几个月之后，孩子严重逆反、情绪爆发，说起这两件事时非常愤怒。原来他很在意、很气愤，只是一直压抑着没有表现出来。

另一位妈妈这样说。

孩子有时会和我说一些小事，我觉得可有可无，所以没当回事，没有及时地沟通、疏导、宣泄。结果这些小事逐渐积累，孩子内心的不满、愤恨越来越多，最后一起爆发，不去上学了。如果能够早早重视孩子内心的感受，就不会出现这么大的问题了。

有些父母不了解孩子的内心，不懂得、不重视孩子的心理问题，以为扛一扛、忍一忍就过去了，结果耽误了孩子。

一位妈妈这样说。

女儿有一个好朋友在普通高中上学，在班级里担任班长。这个女孩成熟、懂事，学习也很刻苦，到我家里来过两次，我也很喜欢她，但是到了高三，女儿说她得了焦虑症，学不下去，她妈妈还不知道呢。我说那赶紧告诉她妈妈，让她妈妈领她看病去呀。女儿说这个女孩在家无论跟她妈妈说什么她妈妈都很不以为然，觉得就是她不认真学习，她跟妈妈总是说着说着就吵起来了，所以她也没办法告诉妈妈。后来这个女孩没有考上本科，去了一所大专。我真是深深为这个女孩叹息，如果她妈妈能体贴孩子，多了解孩子的内心，结果肯定不是这样。而且她的焦虑症还会影响她的将来。前几天看到一则新闻，一名高三学生说自己得了抑郁症，家长还认为孩子是装的，真是太悲哀了。

有的父母的做法本意是让孩子经历些挫折，受些苦，却没想到给孩子的心理造成了伤害。

我曾经疏导过一个男孩，他原本各方面看起来都非常优秀，已经保送名牌大学了，却突然陷入抑郁情绪之中。他把对妈妈多年的不满倾诉出来，说自己从前就是身处炼狱，父母一直对他进行精神虐待，他妈妈才知道以前做错了很多。以前他妈妈总说，你在家里吃的苦都不算苦，因为妈妈是真心对你好的。但是，因为没有考虑到孩子的感受，经常用打骂、强迫的方式对待孩子，这些"苦"、挫折教育最终成为对孩子深深的伤害。妈妈说，以前总想着怎么让孩子优秀，现在才发现心理健康有多么重要。

指责、逼迫、发火偶尔为之，可能并无大碍，但是如果频繁、持久地使用，就会成为伤害。

那么如何考虑孩子的感受呢？可以先想想自己。比如，当孩子冲我们发脾气时，我们是不是感觉很难受？那么当我们肆意向孩子发脾气时，孩子的感受也是如此。如果领导总是批评和指责你，你是什么感受？孩子的感受也是同样的。你不想做什么，别人强迫你，你是什么感觉？孩子被强迫的感觉也是类似的。你向他人请求一件事情时，别人一口回绝，你是什么感受？孩子被拒绝的感受也不会好。

第三节　降低期望、放低要求

很多父母对孩子的期望比较高而且比较执着，比如一定要考上什么样的学校，然而，以孩子的能力而言又没什么把握，这就会给父母带来较大的压力，父母自然容易焦虑、急躁，教育孩子时就难以理性。这种期望往往又会内化为孩子对自身的要求，会给他们造成很大的压力，容易导致心理问题。

一名初二的男生学习成绩在班里是前两名，他妈妈一直和他说一定要考上当地最好的高中，才能上好大学，将来才能有好的工作和生活；如果考不上，就上不了好大学，将来就会生活艰难。孩子相信妈妈的话，但是在初二地理、生物会考之前的几次模拟考中，他的成绩均不理想，这意味着他可能考不上理想的高中。孩子一下子就崩溃了，几个月不能上学。

有一名初二女生学习一般，她总觉得必须考上普通高中才有前途。有一次期中考试成绩不理想，这预示着她可能考不上普高，这让她陷入焦虑和恐惧之中，不能自拔。

期望高，对各方面的要求也会高。比如孩子的学习效率、学习习惯、生活习惯、自理能力等。到了青春期，想改变孩子的行为、习惯虽然也是有可能的，但会越来越难。如果父母执着于改变孩子，那么就容易发生不愉快、冲突，导致亲子关系被破坏，改变孩子就更难了，结果常常事与愿违。

所以，降低期望、放低要求，保持一颗平常心，对青春期孩子的父母来说就是最重要的了。

当然，这并不是说对孩子没期望、没要求，只是期望和要求要符合孩子的实际情况，而且不要太执着，努力之后学会顺其自然。如果孩子有了成长和进步，那么再适时提高期望和要求也是可以的。

那么为什么可以降低期望？为什么对于孩子考上什么样的学校可以不那么执着？请参考下一章中的"放下对成绩的过度执着"。

一位妈妈这样说。

我以前对于孩子所有的事情都很重视，凡是对孩子有益的，只要有能力，我都会去努力；凡是对孩子有害的，我毫不留情、坚决地去抵制。比如晚上刷了牙，我认为坚决不能再吃东西，喝牛奶也不行；小学时课外阅读我认为一个字都不能读错，错了就打断他，要求重读；听写单词要求汉字甚至音标也不能错；曾经因为孩子字写得不好，把他的一本已写了大半的暑假作业撕了重新买一本做；等等。

我认为做事就要做到最好，并且像个卫道士一般，总是把孩子的不足之处像鸡蛋里挑骨头一样地挑出来，还制定了一套高标准来严格要求孩子，他达到了我也不敢过多表扬，怕他骄傲；他达不到我就会心生不满，甚至暴跳如雷。

现在想起这些真是汗流浃背，惭愧不已，但是当时却浑然不知，真心相信这样才是对孩子好。

小时候他也委屈、哭闹过，后来渐渐麻木，不论我怎么生气他都一副"你说你的，我做我的"的样子，再后来到了青春叛逆期，他开始出现专门跟我对着干的倾向。我越来越焦虑，有时也会想算了，不管他了，爱怎样怎样吧！可是夜深人静时还是控制不住地辗转反侧，为了这事还做过噩梦，痛哭过，失眠……那时的我，满怀的愤怒、不甘和委屈，心想：我是他亲妈啊，我恨不得把这世上最好的都给他，我想让他具备所有的优点。我想让他具备所有优良的品质，怎么能容许他有懒惰、拖拉、贪玩、说谎、娇气怕吃苦、不讲卫生等毛病呢？我必须像个勤劳的橡皮擦，时时关注他的缺点，哪里有缺点我就擦哪里，我要把他的缺点一点点擦掉，这样他身上的优点就会越来越多，缺点就会越来越少，直至全无。我爱他，才为他这么费劲，我有错吗？我都是为他好啊！他只要按我说的做，怎么还会有问题？怎么会起争执？为此，我在家里跟孩子、跟孩子爸越来越势同水火，每周孩子回来都会因为一些事情导致一场家庭大战，我说孩子，孩子爸说我，每次送他走的时候都是不欢而散。

现在看来，原来的我简直就是个强迫症患者，还有道德洁癖。看了维尼老师的书我恍然大悟，孩子有些缺点很正常，没什么。我以前太严格、太死板、太教条了，缺乏维尼老师说的灵活、变通、有弹性，所以缺乏人性的柔软，显得不近人情。久而久之，孩子奋起反抗，这都是我自己种下的苦果。

我以前太强硬，只考虑正确和错误，没有考虑过情绪，包括我自己的情绪、孩子的情绪、孩子的感受。我说的是对的，但是说的时候情绪不好，孩子不愿意接受也没有用啊。

维尼老师说："沟通时，最重要的不是你说了没有，而是对方接受了没有。"我以前却不管孩子听不听得进去，都要把意思表达完整，觉得说不说是我的事、听不听是你的事。我认为重要的事，我还会说好几遍，孩子觉得我太啰唆、太唠叨了，所以根本不接受。现在我学会了适当闭嘴，在他情绪平和时跟他娓娓道来，很多时候他都能平静接受。现在我知道，要想让他听进一些话，得先保证他情绪好，再想办法和他一起去解决问题。

以前我对孩子的教育太刻意、太死板、太教条了，比如天热了我要求他每天晚上要洗澡，还要处处搓到，某天他要是说今天没出汗不想洗，我就会很暴躁、喋喋不休，非要把他说服去洗了才甘心。为了说服他，我经常上纲上线，把一点点小事夸张成以后还怎么过集体生活，这么懒怎么和同学相处等大问题。学习了维尼老师的理念，我学会了人性化、灵活、通融，不想洗又怎么了呢？有的地方没有搓到又有什么关系呢？为了这点儿事和孩子闹别扭值得吗？差不多就可以了，孩子开心就好。

现在的我，一边看维尼老师的《顺应心理，孩子更合作》，一边反思，修正自己的不良行为。当孩子让我不满意时，我默念"很正常，没什么"；当看到孩子连很简单的题目都不会做时，我默念"接纳孩子学习的现状"；面对孩子的要求，默念"适当满足，适当拒绝""先说好，再说不""规则的执行有弹性"；孩子做得不尽如人意时，我默念"习惯的培养需要一个过程"。这些都是维尼老师的金句。总之，努力做到多鼓励、少批评、不惩罚，虽然现在离做一个成功的妈妈还差得很远，但我可以逐渐克服自己的焦虑感了。有了方向，有了指引，总比原来那套固执、倔强的教育方式要好很多吧。我也不急，慢慢来，顺其自然好了。就像维尼老师说的：放过自己，放过孩子。我不焦虑他就不焦虑，我不倔强他就不倔强，同理，我阳光，他也就会阳光。我改变了，孩子也在慢慢改变，这个过程可能不会那么迅速，但只要方向对了，做什么事情都别慌，慢慢来，一定会有办法的。

第四节　少一些拒绝，多一些满足

孩子小时候想做什么、要什么，父母不允许、拒绝，他可能也就无奈地放弃了。但是到了青春期，孩子意识到自己的权利、力量，有了更强烈的自主意识，再加上比较敏感以及压力较大，父母过多的拒绝会引起孩子强烈的反应或反感，容易发生冲突，影响亲子关系。所以，父母需要少一些生硬的拒绝，学会更合理地满足孩子的要求。

孩子的要求如果在合理的范围内，此时应该比小时候更多地满足他。比如和孩子约定写作业时把手机放在外面。但他有时会出来看看，如果出来得频繁些，父母可以提醒，孩子可能会说：我只看一分钟。好吧，那么就满足吧，即使再多看一会儿也正常，可以理解。如果为这一会儿闹得不愉快，那么浪费的时间可能就更多了。

有时即使要求不大合理，但是如果孩子情绪比较紧张，压力比较大，也是需要满足的。临近生物会考，女儿想让我去打印一些卷子来做。本来我不想去打印，因为其实没有时间做了，但是，可能因为马上会考了，她看起来有些紧张，如果我拒绝，她可能会不高兴、烦躁，何况她想多做练习本身也是好事，那么何必因此引起她情绪的波动呢？去打印一下，无非花费一点儿钱和时间，也没什么，所以我就顺应了她的要求。

到了中学，孩子往往会有一些新的要求，父母也需要学会理解。比如不少孩子喜欢网购，父母也许觉得买得不太合适，也许觉得没有多大用处，所以想拒绝孩子，但是孩子容易因此郁闷生气，对亲子关系不利。孩子和我们是不同的，我们觉得没用的东西对他来说也许是有价值的，而且即使买得不适合，走弯路也是一个学习的过程。所以，只要不过度，可以适当满足。

另外，有时对子孩子的要求需要学会灵活变通。比如孩子晚上回家，如果很瞌睡，想先睡一小觉，也是可以的。即使只睡十几分钟，也会很管用，比困倦着坚持学习效率更高。

班主任老师希望女孩子把头发扎起来，有一段时间女儿却想要留短发。那么就变通一下，去理发店把头发剪短，在家里可以放下来，在学校一般就扎起来，这样既满足了她的要求，又与老师的要求不矛盾。

一位妈妈向我咨询，她感觉自己对孩子挺好的，不知道孩子为什么总会生气。有一次孩子又生气了，妈妈准备给孩子发一条短信，让我先把把关。

孩子，你太任性了，一点儿小事就能让你马上情绪化，爸爸只是语气不太好而已。你想买冰激凌，我说贵，确实贵呀，你也太敏感了，生了那么大的气。如果你觉得我们有什么不对的地方你可以提出来，我们可以改进的，千万要少生气，我们永远爱你。

妈妈没有意识到自己这是在直接指责孩子，孩子看了不但不会接受，还会更生气。妈妈说自己平常也是这么说话的。看来孩子生气是因为妈妈不注意说话方式啊。

妈妈：那孩子犯了错，就不能说吗？

维尼：孩子生气，可能是因为敏感（性格如此，不是错误，首先需要接纳），也可能是因为父母的做法有问题，所以算什么错误呢？而且我们如果想改变孩子，就需要考虑孩子的感受，毕竟指责不是目的，改变才是。

那应该怎么说呢？

我给妈妈编辑了一下短信。

孩子，你早就想吃海鲜自助火锅了，所以今天说想吃，这很正常。爸爸说你总想在外面吃，语气又不太好，你不太高兴，妈妈理解你，谁也不喜欢总被别人说。不过，爸爸可能难以改变，只好暂时先这样了。妈妈可能也有类似的问题，你提醒妈妈，妈妈以后也要改变。

你想买冰激凌，妈妈说贵，可能你觉得我不太想买，在推托。我只是随口说的，当然也可能下意识不太想买。不过想想，你又不是天天吃，即使贵，偶尔吃一次也没什么大不了的，再说让宝贝女儿开心一下，也是值得的。钱花就花吧，也没什么。

妈妈理解你，你也多多理解妈妈啊。

这位妈妈意识到了自己的问题，对我说："我明白了，这样说孩子的确会容易接受。看来我说话得多注意，自己的问题自己看不到。和孩子说话，是一门学问。"

很多父母说话都不太考虑孩子的感受，在无意中透露出指责、不信任、不放心。孩子不愿意，父母还非要坚持自己的想法；孩子已经有些不耐烦了，父母还不停地啰唆，最后孩子发脾气了，父母又怪他没有礼貌，不懂感恩。

所以，说话之前还要考虑一下，怎么说孩子才会愿意听。

儿子上高二。以前放暑假只要看到孩子玩游戏，我就会对儿子呼来喝去，让他干家务，结果家务没干不说还惹一肚子气。现在我考虑孩子的感受，想想我自己，也不愿意让人随便支使，如果不管我是否有空，一声令下就让我为他服务，我也不愿意啊。现在我要想让儿子帮我做家务，先问儿子这集电视剧还有多久能看完，等儿子有时间他再把活儿干了。这样，假期他帮我做了不少家务，还都是高高兴兴的。

说话的语气也很重要。

孩子早上起床困难，叫她起床常常会搞得不愉快。维尼老师告诉我，可能是我叫她起床时语气不好，着急了。我以前的观念是孩子应该按时起床，应该一叫就起来。维尼老师说，孩子上学也辛苦，睡眠不足，不想起来是正常的。心态平和了，多叫她几次，让她慢慢醒来就好了。看来我以前还是没有理解孩子，对她要求太高。后来我和孩子沟通，问她该怎么叫，她说让我叫她小宝贝起床了。唉，虽然她上高二了，但还是希望得到我的爱啊。改变了心态和语气，我叫孩子起床时就没有冲突了。

很多父母说话往往带着情绪。这种情绪是恼人的，孩子小的时候不大敏感，所以反应不太大。但是，到了中学，孩子比较敏感，常常就难以忍受了。其实成人往往也不愿意听到别人用这样的语气讲话。比如，听到爱人埋怨自己，你会愿意听吗？是不是希望他赶紧闭嘴？

一位初中女孩的妈妈向我咨询，孩子开始和妈妈关系很僵，一点儿小事就会很生气。我建议妈妈先多顺应孩子，缓和一下关系，并且注意一下自己的态度、语气。过了两周，母女关系好多了，有两天相处得很不错。到了晚上，孩子11点多还在玩手机，妈妈有些急了，说了孩子几句，语气不好。爸爸听到了，也过来，骂了孩子几句。孩子很生气，紧锁房门，到第二天中午还不肯开门，也不说话。

妈妈很无奈，说为什么别家的孩子骂了也没事，她怎么反应就这么大呢？

据我分析，之所以有这么大的反应，与孩子对父母有成见有关系（孩子曾经说过爸爸妈妈不爱她），爸爸的态度也一直简单粗暴。当然，孩子自身性格确实也有些敏感。但是别家的孩子骂了真的没事吗？

我在初中生和高中生的微信群中做了一个投票调查，结果60%的孩子在父母的声音高一些时会生气；还有21%的孩子在父母发脾气之后会生气；16%的孩子在被骂了之后才会生气；只有3%的孩子被骂后不生气。

所以，面对青春期的孩子，父母更需要注意说话的语气和方式。即使亲子关系好，也要如此。

一位爸爸这样说。

我女儿性格开朗、活泼，与我们的关系都不错。她妈妈脾气挺好的，一般不会冲孩子发火。但是偶尔看到女儿玩手机时间稍长，或者个人物品不及时整理清洗，就会有些着急，虽然不算发脾气，但是声音明显高一些，语气不好。情绪是可以互相影响的，我听了妈妈的话也会感觉有些烦躁。一般情况下，女儿都能接受，但有时妈妈说多了女儿就会烦躁，大声嚷嚷。我理解女儿的感受，妈妈的语气确实容易让人生气烦躁，虽然女儿也有不对的地方，但其实没什么大不了的。如果她已经生气了，父母就不要一起来说她，那样她真的会很气愤、委屈，来个大爆发。所以，我往往和女儿一伙，开玩笑似地护着她，有时会假装说妈妈几句。妈妈其实是明智的，也就顺势不说了。女儿也很快消了气，两个人就和好了。

　　这个女孩性格不错，家庭亲子关系也好，她对父母语气的反应尚且如此，如果你的孩子性格没那么好，或者家庭亲子关系不佳，还指望对他发脾气或者骂他时，他能忍气吞声吗？如果孩子真有这样的表现，就要考虑他是不是被压抑得太厉害，以致不敢有反应了，这样对孩子的伤害更大。

第五节　学会"不较真"

很多父母很容易较真。为什么会如此？原因之一是把孩子的事情看得太重，一点儿小事就联想到了对他将来的影响。比如孩子浪费了一点儿时间就会纠结，学习上有一点儿没做好就会焦虑，总觉得这些不完美能对孩子的学习成绩甚至中考、高考产生影响；又如孩子不讲卫生、没整理好房间就会生气；孩子的观点有问题总想纠正，好像这些事情影响有多深远。

其实，在学习方面，不完美才是常态，浪费一些时间、出现一些问题是正常的，也是应该的，没有这些问题才奇怪呢。很多小事一般也没有那么大、那么长远的影响。为了这些事情去较真，未必能改变什么，却会搞得不愉快甚至发生冲突，真的值得吗？

有时父母太坚持自己的意见，是因为觉得自己的看法才是对的，对孩子发展有利的才是好的，不能妥协。那么，意见不一致时，父母一定正确、孩子一定错误吗？

其实通常有三种情况。

1. 父母认为正确的，其实未必就是正确的。

一位妈妈说："昨天晚上我和孩子因为拍球又发生了冲突，我让他拍球，五指用力张开，按正确的标准来做事，这样效率高。而他却不认可，争辩怎么证明我说得正确，他那样做就不行。"

我告诉他："其实孩子的质疑是有道理的，准确地讲，拍球时五指并拢自然不对，但也没必要五指用力张开。手放松，五指自然分开，掌心不触球就可以。你说的其实也不准确。"

最近女儿英语的课堂词组听写一直不好，我有些着急，等晚上 10 点多孩子写完作业，我说给她听写一下，之前先和她一起背背。她说背得差不多了，直接听写就行。之前多次因为没有先背好，听写很不顺利，所以我劝她先一起背一下。可能太晚了，她有些烦躁，很不高兴。我考虑了一下，决定还是顺应她，结果听写得不错，她还真已经背诵好了。看来她还是了解她自己的，我们的看法未必正确。

面对孩子，要学会谦虚。有些父母以为正确的，未必就是对的。

2. 父母说的有道理，孩子也有道理。

家庭教育要学会解放思想，父母的想法也许有道理，但孩子的想法换个角度看也是有道理的。此时，自然没有必要太坚持自己的想法。

有一位妈妈希望孩子养成课堂记笔记的习惯，但是儿子觉得这对他没有什么帮助。其实记或不记各有利弊。有的学霸喜欢整理笔记，有的则懒得记笔记，成绩也不错。现在工具书比较多，有的工具书重点突出，有讲解、有示例，也有替代笔记的作用。

妈妈认为孩子洗手、洗脸要认真，自然有一定的道理，但是孩子觉得没必要那么较真也是有道理的，只要饭前洗手，脸看起来不脏，也没什么大问题。

孩子回家之后磨磨蹭蹭不肯开始写作业，最后总是写到很晚，妈妈想让其改变这种方式，为此经常争吵，孩子说："我有自己的方法和安排，为什么一定要按照你的来？再说我作业从来都是完成的，老师没有因为作业的问题找过你呀？我的成绩也没有下降啊！"孩子说的也有道理。

这也是思维模式的转变，要学会理解与自己不同的思想，学会从不同的角度看问题。

3. 即使父母是正确的，有时也不要太较真。

有时孩子的做法有问题，但是非要去纠正，可能会发生冲突，此时可以让孩子去体验，用结果来说服孩子。

一个孩子上初一，觉得写作业无聊，他想先玩，认为在玩完之后时间紧张，就可以高效地写作业了。这种方式可能会导致最后时间不够用。不过，可以让孩子试几次，用结果来验证哪种方式更好。

有时需要考虑孩子的情绪，如果孩子有些烦躁、着急，那么最好别去纠正或争论谁对谁错了，先搁置，等孩子平静了之后再说。

第六节　减少批评和训斥

和孩子相处，虽然批评也是需要的，但是到了青春期还是要少批评，批评容易引起孩子的反感。另外，家长批评孩子时尽量少带情绪，平和而理性地批评效果会好得多。训斥往往是严厉而尖锐的，会给孩子带来强烈的冲击，可能伤害孩子的自尊，建议还是不用为妙。

有一名初三的男生，本来学习成绩很不错，年级排三十多名。但他不够努力，经常玩手机，周末也不太用功。父母和老师就比较着急，总希望他能够再提高一些，因此父母和老师经常批评他，结果他越来越烦，在家里也变得逆反，逐渐不爱学习了。

一名初一男生这样和我说。

我的父母每天都会因为一点点小事就说我这不行、那不行，打击我的自信心，我现在就感觉自己很没用。维尼老师，你说我该怎么办？我感觉自己没希望了。他们还老嫌我没有自信，但每当我说不自信是他们造成的，他们还不乐意听。

一名初三女生这样说。

妈妈经常批评我，一批评我就烦躁，浑身难受，好长时间缓不过劲来，时间久了会感觉头痛。妈妈对此却浑然不觉。

第七节　尽量避免冲突和对抗

一位高中生的妈妈这样说。

经过这么多次较量和冲突，我发现赤裸裸地、严厉地指出孩子的错误，会让孩子恼羞成怒。一旦恼羞成怒，他就不会认为自己有错误，即使知道自己有错也不会承认，所以，只要不是道德上的错误，就先暂且搁置。每冲突和对抗一次，父母的权威就受挫一次，所以，随着对抗的次数增多，孩子就越来越叛逆，也越来越不尊重我们了。

这真是痛彻心扉的体悟！

频繁发生冲突，自然会伤害感情，破坏亲子关系，有时后果很严重。

爸爸因为女儿玩 iPad 的事情打了她一巴掌，随后把手机、iPad 全砸了，疯了一样，骂了她，出门走了。我想去安慰地，她推开我，她并没有因为爸爸打她而哭泣、害怕，反而满眼都是恨。她起来穿衣服，过了一会儿，穿鞋，我去阻止，她哭着说，让她出去走走。我看时间已经很晚了，没同意，她放狠话，我如果不同意她跳窗也要出去，不想待在家。我知道她的倔脾气上来我是阻止不了的。她说，只要爸爸在家，她就不回来，并提出要我们尽快离婚，这样她就可以不用见到爸爸了。

如果不小心与孩子发生了冲突，那么最好不要僵持、对抗，长期来看，结果通常与父母的期望背道而驰，所以需要尽快缓和与孩子的关系，有时父母先道歉也是可以的。

有一名初三女生本身比较敏感，与父母关系不佳，有一次玩手机到了很晚，妈妈说了她几句，孩子不高兴，结果爸爸又来骂她，孩子很生气，闭门不出。我建议妈妈去道歉，妈妈说："维尼老师，我想不明白，不是孩子先犯了错吗？她玩手机到很晚本身是不对的，为什么我要向她道歉呢？"

孩子玩手机自然不好，但是如果偶尔如此也是正常的。此时家长可以温和地劝说和坚持，而用简单粗暴的方式则会激化矛盾，伤孩子的自尊。所以，爸爸骂孩子也是有问题的，可以先主动道歉、沟通，及时化解弥漫在家庭里的不快。

第八节　学会闭嘴

一位准高中生的妈妈如是说。

孩子开学后，每晚他说自己复习，我们相信他，不盯着也不催他，他也不像之前睡得那么晚了。今天下午有英语课，他中午没睡觉在背英语，可能昨天晚上没有复习英语，所以中午赶紧背，我也没有质问他为什么不早些背。他屋里乱七八糟，我今天休班帮他收拾干净，他回来我也没唠叨这事。老师不让带手机，他也很听话，说不让带就不带。今天我老公和我说，这样已经不错了。经历了初中三年，我发现控制和唠叨没有用，孩子烦躁我们焦虑，也没见改变他多少。还是闭上嘴巴，少些唠叨和指责，多些鼓励和支持，毕竟，学习还要靠他自己努力。

很多家长对此深有体会。

成天唠唠叨叨、喋喋不休的家长，孩子讨厌，家长自己也痛苦。骂和唠叨，换来的是孩子的厌烦和敌对情绪。心理上多支持、多肯定，做能做的，帮不上忙时该闭嘴就闭嘴。

我觉得我的说教越多，孩子越抵触，可是我看见她的样子就越是想说。唉，我该试着闭嘴了。

到了青春期，孩子可能经常对父母说一句话：闭嘴。初听到这句话，父母可能觉得孩子不尊重父母，没有礼貌。但是孩子脱口而出的话是有原因的。有时他正烦着呢，父母在旁边唠叨，他自然更烦；有时父母的语气里带着情绪，对孩子是一种直接的冲击；即使父母平静地说，如果管得太多也会让孩子烦。

许多妈妈都有一个体会：面对青春期的孩子，妈妈最好闭上嘴巴，不要碎碎念。

其实，谁都不喜欢啰唆和唠叨。我的爸爸今年八十多岁了，每次回家，他都会叮嘱我一番，告诉我他的一些经验和心得，虽然其中自然不乏真知灼见，不过，我有时还是会有些不耐烦地说，我知道啦。事后反省，明明知道爸爸是为了我好，为什么我不能满怀感激地倾听呢？其实这是大众普遍的心理。孩子们也是如此，他们并不想听到过多的说教，尤其是在某些道理说了很多遍之后。

孩子跨入青春期，有了更多的自主意识，所以，觉得很多事情自己都懂，也不大愿意听取父母的教诲。虽然孩子不见得都真懂，但父母说的，也不见得就完全适合孩子。

有的父母觉得自己也没发火，不知怎么孩子有那么大火气，冲自己嚷嚷。其实，和青春期孩子说话还真需要一定的水平，如果语气里带着情绪，如果有指责的意味，如果说得莫名其妙、不合乎逻辑，如果强词夺理，都会让孩子着急、生气。这些可不是短期内能改变和提高的，所以，还是先闭上嘴，少说为妙。

到了中学，有些事情说几次，孩子也基本明白父母的意思了。不过此时孩子往往难以改变，因此多说也是没有用处的。

我曾经看到孩子不整理房间就生气、发火，后来想明白了，忍住不说他，只是悄悄地帮他整理了。慢慢地，我发现他自己也学会收拾整理了。这就是进步，抓住机会表扬他一下，他反而会不好意思了，回过头来他也会表扬我，这就是良性的感情流动。

孩子磨蹭，适当催催就行，之后还是让他自己掌握节奏。不停地催，孩子烦，也不见得会加快；闭上嘴，让他自己承受、体验结果也挺好。比如迟到、作业完成得晚，孩子体会到结果可能会自己调整。

孩子想怎么做，如果没什么严重的后果，就让他去做吧，即使做得不合适，也是一种成长和学习。父母总觉得不放心，总是唠叨，确实有些烦人。

孩子写作业，虽然可能效率不高，但只要基本正常，就闭上嘴让他自己写吧，总是唠叨，孩子心情烦躁，可能效率更低，甚至不想写了。

早晨奶奶做的早饭是炸糍粑，女儿嫌这个早饭会吃得慢，不高兴，跟奶奶顶嘴了。上学的路上，我说："你以后不要跟奶奶顶嘴，她会不高兴的，这糍粑是我让她做的。再不吃就坏了，再说奶奶早早起床给你做早饭，她又没有做错什么，她说的话你不喜欢，不出声就行了。"女儿好像不喜欢听，嫌烦，说："奶奶说得不对，我肯定要还嘴啊，你别再说了。"这时我意识到自己太着急了，马上闭上了嘴巴。

事后，我想了一下，我还是太着急了，可以换个时间慢慢说，在上学的路上说，被别人听到了，她会感觉没有面子的。另外今天她值日做卫生，要提前到校，而炸糍粑她吃得不快，心里难免急躁。此时奶奶又在那里催她吃快点儿，女儿心里更烦，顶嘴就是自然的了。

理解了女儿，也就知道她的言行自然有她的原因。不分青红皂白地去埋怨、说教，她自然不爱听啊。

第九节　放下对于"规矩"的执着

一位初三男生的妈妈生怕惯坏了孩子，想从小给孩子培养起良好的习惯、建立起规则，所以，规矩多，要求多。孩子辛苦了一周，好不容易想周末放松一下，睡睡懒觉，妈妈却要求他早睡早起，周末晚上 10 点就要求孩子睡觉，早上 6 点就要求起床；房间要求收拾整齐，被子自己叠好；吃饭时一定要父母开始吃孩子才能动筷子；孩子玩游戏，到了点必须停下来；在外面不能没有坐相；说话时即使生气也不能手指着妈妈。

这些规矩、要求看来都有一定的道理，但是孩子不喜欢这么被约束，不想执行或做不到。妈妈却觉得这些事情很重要，所以每次就会着急，逼着孩子去做，母子俩常常因为这些事情闹得不愉快或者发生冲突，妈妈很焦虑，孩子更压抑、痛苦。结果几年下来，这些问题依然存在，没有什么改变，还导致孩子逆反，亲子关系糟糕。这样相当于常常压抑、伤害孩子，孩子的一些心理、性格问题逐渐积累，再加上学校里遇到的一些问题，导致孩子得了严重的焦虑症。本来孩子很聪明，基础也不错，可如今学习成绩却一落千丈。

其实，妈妈的这些要求、规矩有些是无所谓的，有些规矩已经过时了，有的并不合理，所以孩子是否做到根本不重要。但是，妈妈坚持捡这些"芝麻",却丢失了重要的东西——孩子的心理健康、亲子关系、孩子的学习。其实芝麻也没有捡到,因为抗拒,孩子在这些方面几乎没有改变。

很多父母看了我的《顺应心理,孩子更合作》之后,有一个重要的收获,就是放下了很多事情,以前觉得很重要的一些规矩、要求好像确实没什么,孩子做些看似不合乎规矩的事情其实是很正常的,是人之常情,所以,不那么焦虑,不那么勉强孩子了。

在青春期叠加学习压力之时,其他不大重要的事情更要暂时放一放,让孩子在家里舒服自在一些。家庭应该是他放松的港湾,而不是焦虑、痛苦的来源。孩子如果能从家庭关系中获得幸福、支持,心理健康,将来他自然会向善向好。

实例:以一颗平常心,等待孩子的成长

儿子小学阶段的学业比较顺利,老师从来没有给我打过电话。到了初中,我们择校进入了一所重点中学,班主任却经常打电话说孩子的问题,比如作业经常漏写、上课不注意听讲、笔记记得不好等,有时还让我去学校面谈。这让我不淡定了,开始严格要求孩子,对孩子的斥责多了,唠叨多了,结果孩子更不爱学习了。孩子经常跟我说对写作业不感兴趣、太烦了等消极的话语,我束手无策了。那段时间,我白天还正常,晚上回到家里就成了魔鬼,常常对孩子发火;有时候我对回家都有些发怵,怕控制不住自己的情绪。

　　后来我决定向维尼老师咨询，慢慢找到了问题所在。孩子进入初中以后，不再是以前那个听话的小孩子了。我没有意识到孩子的这个转变，还在用以前的家长式的命令来解决问题，现实无情地告诉我，这行不通了。

　　比如说起床的问题，孩子进入初中以后，睡得比以前明显要晚，早上就睡不醒，我叫了几次不起，就开始生气，不停地催促他。出门前家里都是我的唠叨声，孩子是带着气出门的。和维尼老师沟通以后，维尼老师问我着急什么呢，孩子迟到自有老师批评，他自己会反省。另外，孩子一定会迟到吗？我以前从来没有从这个角度考虑过，只是一味地盯着出门的时间。现在我不再催促他了，每天早上起来做好饭后，叫他起床，时间到了就再提醒一下，孩子自己就会一骨碌跳起来，匆匆吃好饭出门。孩子从来没有迟到，早上他心情好了，我的心情也好了。

　　让孩子体验行为的结果，有时比我们着急上火、磨破了嘴皮子要管用得多。对青春期的孩子来说，这个方法尤其重要。

　　孩子以前会漏写作业，维尼老师说，有时作业难免会记错或少记，也不是太大的问题。叮嘱孩子记好，不清楚的就问一下同学，漏写了第二天就补一下，也不用太在意。想想也是这样，我没有必要因此太紧张。至于孩子课堂笔记的问题，维尼老师说差不多就行，记笔记是有用的，但是花太多精力记笔记，也会影响听课的效率。

所以，适当记就行了。另外，慢慢鼓励孩子，也会有改善。我觉得维尼老师说得有道理，压力也就不那么大了。之后，如果孩子课堂笔记记得好，我会给他一些奖励。头几天孩子还是没有记多少，后来逐渐开始记笔记了，而且不觉得烦了，记好了以后会对我骄傲地说："看我记了多少！"

很多人把孩子的问题看得太严重，所以焦虑、急躁，对孩子发火，这样会破坏亲子关系，导致问题更难以解决。所以，先调整自己的心态最重要。

孩子的爸爸平时对孩子要求比较严格，对孩子的一些习惯批评得多。我劝他温和一些、宽容一些，他也开始接受了。平时我们一家三口也会一起去踢球，到公园玩，不再像以前那样只知道让孩子学习了。孩子生活丰富了，运动多了，心情也好，亲子关系就更好了。

家庭教育需要夫妻双方一起努力，最好通过自己的努力慢慢改变对方，这样效果会更好。不过，如果实在难以改变对方，先改变自己，也会有效果的。

现在，孩子学习上花费的时间比以前还少一些，但成绩还是保持了原有的水平。最近连他最头痛的作文，也有两篇得了"A"，孩子很高兴。哪个孩子不希望自己成绩好呢，所以只需要我们适时地引导和鼓励便可。

回想起来，心态好很重要。我加入维尼老师的咨询群之后，才知道孩子都是不完美的。我孩子出现的问题，别的孩子可能早已经出现，家家有本难念的经，很多问题真的很正常，没什么。所以，我需要更好地接纳孩子。另外，学习解决问题的方法也是重要的，就像维尼老师说的，如果问题太多而且一直存在，那么想淡定也不容易。心静下来，好像就能想到一些方法；关系好了，问题解决起来也会要容易一些。

孩子在我身边的时间越来越少，我应当珍惜，和孩子一起成长，一起走过青春期。

第四章

帮孩子渡过学习难关

学习是有青春期孩子家庭的最大的难题。父母首先要调整好自己和孩子的心态，控制好情绪，选择适当的措施帮助孩子，使孩子获得进步和成就感，激发出兴趣和信心，从而走向自主学习的道路。

第一节 放下对成绩的过度执着

我以前面对孩子的成绩真的抓狂，每天焦虑、烦躁，控制不住怒火，像个疯子。现在我感觉生气是没用的，必须去面对现实，接纳孩子的现状。有一天孩子问我，妈妈，你为什么和以前不一样了？

在孩子的中学时期，学习方面的困扰是一般父母面临的最大问题。如果这方面问题不大，家庭教育会轻松很多，家庭也会幸福和睦得多。

学习问题是家庭发生冲突的最主要的来源，可以说不少家庭因此生活在水深火热之中。教育孩子成为一件痛苦、煎熬的事情，一位妈妈说："我的心都要衰竭了。"

为什么会这样？从客观上来讲，是因为孩子的学习任务重，竞争激烈，孩子学习方面的问题较多，比如悟性不高、习惯不好、不爱学习等。

从主观来看，家长对孩子的学习成绩过于执着是造成心态失衡的主要原因。

父母需要适度执着，和孩子一起去努力。但是过度执着会让父母和孩子都焦虑，压力倍增。比如，家长一定要让孩子考上什么样的学校，但又没有太大的把握，那么每当面对孩子大大小小考试的成绩，甚至一次课堂听写的成绩，如果不令人满意，就容易心里"咯噔"一下，泛起阵阵焦虑，令人备受煎熬。家长的心态和情绪不好，说话行事就会不理性，就容易因为学习而发生冲突，破坏孩子学习的兴趣，导致孩子逆反。

良好的心态比金子还珍贵

我很焦虑，感觉身体就像得病了一样。孩子一要考试我就紧张，每天都对他这不满意那不满意，他一磨蹭我就受不了。

有一段时间我为孩子的成绩焦虑，搞得自己天天5点就醒，夜里也常惊醒，就像神经衰弱一样。我怀疑自己心脏有问题，但检查了什么问题也没有，医生说我是因为焦虑才有的"心病"。

这段时间学习任务重，有地理、生物结业考试，孩子的压力大，今年我和老公就更焦虑了，孩子的成绩就是全家人心情的晴雨表！

自从孩子上了初中，我和他逢考必吵。明天地理、生物结业考试，昨晚又发生了冲突。我本来想让孩子早睡，结果吵完之后，他还是睡得很晚。我也很后悔，可当时就是忍不住。

我在工作上总是温柔、和气，让别人如沐春风，但回家后总因为学习问题对孩子说话高声大气，语气生硬，伤人的话脱口就出。

为什么会这样？每次见到孩子，他的脸上好像写着"学习""成绩""前途"。面对这些，真是毫无温馨可言。这已经严重影响了我们的亲子关系，也影响了孩子的学习、成绩——总吵，能好吗？

父母心态不好，也会影响孩子，给孩子太多的压力。

一位省重点高中的老师说，他们学校百分之三十的孩子经常吃安眠药，高一、高二学不下去的有一批，高三考不下去的也有一批。

有一位妈妈说了一件发生在身边的事情。一名学霸，平常模拟考都是学校的前两名，高考前一天晚上没睡着觉，第二天还是没睡着觉。压力太大，紧张焦虑，考试发挥失常，比平常少了六七十分。这个孩子为什么会压力这么大？与他的父母有很大的关系。他的父母早就对外说他高考能考多少分，考不够多少分就要复读了。高三这一年他的妈妈好像老了十岁，这种压力必然会传递给孩子。

有一名初中男生，平常考试经常是学校前十名。临近中考，他得了肺炎，有两周不能上学。这成了压垮骆驼的最后一根稻草，他认为这就和同学们拉开了距离，考不上心仪的高中了。他内心焦虑沮丧，以致上不了学。

适当的压力是需要的，也是正常的，但是只考虑考试成绩，施加太多压力，最终可能压垮了孩子。

在咨询中，不少孩子对学习要求太高、太执着，当学习遇到了困难、挫折，就陷入焦虑、抑郁之中，痛苦、煎熬。

所以，父母和孩子的心态非常重要。

父母拥有好心态的核心思维：期望孩子有更好的成绩，和孩子一起去努力，做父母该做的事情，对于结果顺其自然。

不为面子所累，不去执着于不适合孩子的目标，适合孩子的才是最好的。

努力之后对结果顺其自然，并不是努力了一段时间看到效果不好就放弃了，而是需要一直努力，直至中考、高考。只是在努力的过程中对结果顺其自然，这样心态平和、淡定，减少了压力、焦虑、冲突，少了些内耗，少走了弯路，努力的效果反而会更好。

为什么需要对结果顺其自然，可以顺其自然呢？

家庭教育不是万能的

一位爸爸这么说。

　　想当年，我的学习成绩还是很不错的，所以以前我相信，只要能用心，孩子绝对能学得好。但是小学成绩优秀的女儿上了初一，一切都是那么不让人满意：做数学作业，难题一般做不来；语文阅读后面几道灵活题一般都空着；英语五岁多就开始学，但考试却拿不了高分。每天看着她很辛苦地学习，每天都为她没有足够的睡眠时间而着急，但是成绩却很不理想。女儿学习的积极性还是有的，但感觉她学习的悟性不高。虽然也有学习习惯和方法的问题，但是我尝试了很多次去改变和培养，效果却不甚理想。我当年的好成绩感觉得来全不费工夫，而今天女儿的学习让我费尽心思却摸不着门道。

　　有一个初中班，初一时班主任不负责任、不懂方法，期中、期末班级平均分经常排名年级倒数第一，班级进入年级前一百名的只有三个学生。初二时换了一位特别优秀的班主任，善于激励孩子，营造学习气氛，培养学习习惯，也善于发掘、利用家长们的积极性和能量，第一次期中考试该班就一跃成为总评年级第一，进入年级前一百名的同学达到十五六个。在这个班级里，有些同学以前家长不大管或不会管，自己也缺乏学习的自觉性或者不够努力，学习方法改善后进步就比较大；有些家长本来已经做得不错，孩子也已经努力了，进步就不大。另外，虽然大部分同学都有了不少进步，但是也都有一个难以突破的层次、瓶颈，不是所有孩子都能非常优秀，有些孩子即使努力了也只能达到良好，有些只能一般，这就与学习能力有很大的关系。

孩子能不能学得好，与家庭教育自然有重要的关系。好的教育能够提升孩子的潜力，而糟糕的教育则会压制孩子的成长空间。不过，家庭教育不是万能的，学习成绩如何，与孩子的学习能力有很大的关系。其中悟性是重要的因素，孩子在学习方面的聪颖程度、理解力、记忆力等，存在着先天的差异，后天的培养、训练、积累虽然能够让孩子的能力有所提升，但是提升的空间也是有限的。另外，学习能力也与非智力因素有关系，比如学习的专注度、认真度、自觉性，钻研的精神，学习方法、学习习惯等。这些方面提升的空间较大一些，但是改变也并不容易，很多父母就算要帮助孩子，其实也是无从下手的。

如果以前家庭教育有问题，那么家庭教育方式改变后，孩子成绩提升的空间会大一些。比如，一名高一女生悟性还不错，只是数学基础较差，家长以前自己不会辅导，也不请老师。后来暑假请老师辅导了一段时间，开学后她学得轻松，也有了兴趣和信心，数学成绩就突飞猛进了。

如果父母做法恰当，虽然也有一定的难度，但孩子还是有可能对学习感兴趣，并努力自主学习的。

如果家庭教育已经做得不错，孩子却悟性不够，那么突破瓶颈对他来说就是一件困难的事情。尤其在当下，竞争激烈，很多孩子都很努力，父母也抓得紧，各种资源利用得充分，想弯道超车并不容易。

所以，父母需要提高家庭教育的水平，帮助孩子提高学习成绩，就要先接纳孩子的学习能力，放下过高的期望，这样焦虑和压力自然会减少。

为什么对学习成绩要顺其自然

一位妈妈讲了身边一个家庭的真实情况。

儿子从小到大都是尖子生，妈妈很严厉，定的目标也是最有名的几所大学。孩子心高气傲，上了高中一直是重点班的前几名。到了高三成绩有些波动，孩子怕排名掉下去，各种压力之下，在高三第一学期崩溃、抑郁了。有天晚上他突然在楼上大叫，周围的居民都听到了，后来休息了两个月才去学校。妈妈醍醐灌顶，再也不强调学习，不说考试了，就让他正常学习，周末逛街玩，寒假出去旅游，后来他还是考了一所较好的学校。那段时间妈妈怕得要命，所以观念转换得很快，孩子从小到大很出色，以前期望很高，现在则完全放下。妈妈说，平平安安就好，有什么比好好活着更重要呢？学习固然重要，但也不是唯一。

这位妈妈为什么会猛然醒悟？这是因为她终于认识到学习、学校不像想象中那么重要，如果以严重损害孩子的身心健康为代价去追求好学校，是不值得的。很多父母和孩子之所以执着于好学校，往往是因为把不同结果的差别看得太大了。好像考上好学校孩子将来就会幸福、成功，前途似锦；考不上就意味着孩子未来的生活艰辛、失败，没有希望了。这样自然容易焦虑，压力大。

　　那么，不同学校之间的差别真的有那么大吗？

不同层次学校的差别没有那么大

　　不同层次的学校、平台之间自然是有差别的，比如一般来讲，考上好一些的大学，孩子的起点会高一些，机会也会多一些，发展可能会好一些，但是与考上一般学校的孩子差别并没有父母想象中那么大。

　　一般人为什么会有那么多烦恼？往往是把看似对立的两个方面看得差别太大了。比如贫与富，贵与贱，优秀与平凡……其实，它们是不二的，也就是说，它们之间的差别并没有看起来那么大。比如昂贵的食品一般比便宜的食品好一些，但是差别并不大，几千元一桌的丰盛大餐，不见得比清粥小菜对健康更好。

　　第一，孩子在学校里的发展、成长大部分取决于自己。

　　多年以前，不同学校的差别主要体现在老师、同学、图书馆上。随着互联网的兴起，老师和图书馆变得不像从前那么重要了。网络上有丰富的资源，有不懂的知识直接上网搜索一般都会找到质量不错的解答，比请教老师、去图书馆查阅资料更便捷，可能还更专业、全面和准确，同时还可以培养自学的能力。网店的图书目前也很丰富，容易买到最新、最权威的图书。所以，现在不同学校的学习条件的差别比以前小多了。

同学之间的影响自然是重要的。不过，虽然好学校的学生相对来说综合素质要高一些，但是普通学校的学生也有自己的闪光点，只要孩子注意去学习，总是能从同学身上找到值得自己借鉴的方面的。回顾自己成长的过程，我从一位毕业于普通大学的同事那里学到了最多、最有用的为人处世的道理，受益最多。

至于同学之间的人脉对将来发展的作用，不必过多期待。孩子自己将来所处的小圈子的人脉可能更加重要，而这主要取决于毕业之后自己的经营。

另外，在普通院校里，孩子可能会显得相对更优秀一些，在各种社团活动中可能会获得更多参与锻炼的机会，对成长也是有一定帮助的。

总而言之，如果孩子想努力，普通的院校也可以提供不错的平台和机遇，让孩子获得成长；如果不想努力，那么即使在名校也无法充分利用优势条件。

第二，学习、成长是一生的事情。

大学只有三四年，孩子如果有心，那么学习一直是有机会的，比如，可以通过专升本、考研或留学进入更好的学校学习。另外，从适应工作需求的角度来说，大学学习的知识往往离实际应用还比较远，到了工作岗位还需要重新学习。学习、成长是一生的事情。目前互联网创造了便捷的学习条件，毕业之后还可以持续学习二三十年，所以，大学这几年里所学的知识即使有差别，放到一生的维度里也显得不那么重要了。

第三，文凭贬值。

有的父母告诉孩子，考上好大学会有好工作，考不上就业就会比较差，这自然有一定的道理。但是，近年来，随着大学的扩招，大学毕业生数量有将近十倍的增长，所谓的"好工作"岗位饱和，所以"985""211"学校毕业的学生，虽然在择业上有一定优势，但大部分也不易找到理想的工作。名校毕业生只能到很一般的单位工作，现在是很常见的事情。所以，考上好学校不意味着前程似锦，将来一定会幸福、成功，只是有了一个还不错的开端而已。

从另外一个角度来看，找到工作并不是一件难事。目前，很多公司、企业对文凭也没有过高的要求，从各大招聘平台来看，很多工作只是要求大专以上。所以，各种层次学校的毕业生可能会同台竞技，待遇相差并不大。另外，首次找工作时学历、文凭会比较重要一些，但在有了工作经验之后，学历因素会淡化，招聘方更看重工作经验和能力。我和多位私营企业的老总聊过，他们说招聘时不大看文凭、学历，主要看工作和为人处世的能力。

第四，未来是综合素质的竞争。

对于一个人未来的发展，学校的经历和成绩只是一部分，甚至是一小部分，用人单位通常看重的不是文凭而是实际工作能力。另外，团队精神、为人处世、人际交往、沟通能力、情商性格等都很重要。而这些主要源于自我培养、成长，与学校的关系不是很大。

所以，学校考得不好，并不意味着人生就是失败和灰暗的。一个人的优秀，与学校的培养有一些关系，但主要还是源于自己。名校的学生总体说来素质高一些，主要是因为这些学生素质本来就高一些，学校的教育只是锦上添花而已。教育的主体还是孩子自己，只要孩子努力，就一直有机会超越他人的。所以，家庭教育的引导就更为重要了，毕竟父母和孩子相处的时间长，有时间、有条件做更好的引导。

适合孩子的才是最好的

对大多数地区来说，普通高中录取名额占应届初中毕业生数量的百分之五十左右，也就是说大约一半的孩子只能选择职业学校。

在大多数家长和孩子的观念里，只有考上普通高中未来才有希望，职业教育则意味着失败的人生。如果这么想，成绩中等或偏下的孩子压力自然大。

这种传统观念自然有一定的道理，总体来说，普高的学生前途看起来的确好一些，但是还需要具体情况具体分析。

一是看本地区的职业教育水平。不可否认，部分地区职业教育质量较差，学校风气很差，但是也有一些地区职业教育水平较高，有些职业学校五年高职（"3+2"，三年职业高中，两年大专）的教育水平还是不错的。比如青岛的职业教育水平较高，有不少职业学校的硬件、软件、管理、教学都不错。有一位职业学校的老师说，他们学校才是真正搞素质教育的。另外，即使本地区总体职业教育质量较差，孩子也有机会考入省内职业教育发达地区的职业学校，只是名额相对较少。比如据我了解，青岛的一些优质职业学校，每所学校的五年高职都有几十个省内录取名额。这些都需要父母详细地去了解和调查。

另外，有些地区还有"3+4"的选择（三年职业高中加四年本科大学）。如果专业适合孩子，那么就不需要苦读三年普高了。

二是看孩子的具体情况。孩子的悟性是有差别的，父母帮助孩子的能力也各不相同。经过初中三年的实践，可以大致判断孩子在学习方面的潜力了。潜力比较大，自然可以去普高拼搏一下；如果潜力不大，即使勉强上了高中，学习跟不上，学得痛苦、吃力，辛苦学习三年的结果可能也只是上大专（以山东为例，本科录取率只有百分之四十左右），甚至连大专都考不上，中途厌学、辍学，结果可能还不如当初选择不错的五年高职。

如果孩子肯努力，即使在五年高职，将来也有专升本的机会。有些职业学校也有国外留学班，而且费用相对较低。

职业高中的孩子会比普通高中的孩子有更充裕的时间，如果时间利用得好，可以更好地引导孩子锻炼身体、旅游、阅读。父母多和孩子交流沟通，培养各种爱好，鼓励他们去动手动脑做各种事情，参加各种社团、实践活动，培养综合素质，对孩子的身体健康和心理健康都有好处。其实，这才是真正的教育，现在普通高中的教育反倒并不那么理想。当然，要做到这些需要家庭教育具备一定的水平，拥有良好的亲子关系，才能引导孩子更好地成长。

对将来的就业而言，因为早早开始专业学习，孩子读完五年高职后，就可以更快地融入工作。从工作选择来看，他们既可以做技术工作，也可以选择做白领。从各种招聘信息来看，很多白领工作只是要求大专以上学历，只要综合素质过关，求职问题不大。

总之，父母需要去做详细的调查研究，如果有适合孩子的专业，学校各方面也不错，再进一步提升家庭教育的水平，那么五年高职也是不错的选择。

如果孩子适合读普通高中，那么是不是一定要考上最好的高中呢？

一名高三女生向我咨询，她学习成绩不理想，给自己的压力很大。她说，当初如果上一所稍微普通一些的高中，就不会压力这么大了，能够正常学习，成绩反而会好一些。

一位妈妈这样说。

上最好的高中，对孩子来说不一定是好事。我家孩子考上了区中最好的私立学校，听课难度大、作业量大；再加上我们没有注意教育方法，导致孩子厌学。这学期他的作业常常写不完，写到凌晨一两点，早上还要早起写。我很后悔，应该报稍弱一些的私立高中。孩子的小学同班同学，上了稍弱一点儿的私立高中，现在全年级前五，学习积极性很高。我家孩子在班级处于中下游，孩子不愿意学。

所以，有时上稍普通一些的学校，可能听课难度和作业量更适合孩子，压力小，学得更轻松愉快。所以，不必执着于最好的学校，尽力就好，顺其自然，能上就上，否则去普通一些的学校可能也不错。毕竟，学习主要还是靠孩子自己，只要学校管理、师资、学习氛围不差，那么一样是有希望的。

所以，不同的大学、高中之间虽然有差别，但是差别没有看起来那么大，适合孩子的才是最好的。我们需要努力去做，帮助孩子进入更好的平台，但是不必太勉强，对结果可以顺其自然。这样，压力就没有那么大了。

另外，如果孩子成绩好，那么远走高飞甚至定居海外的可能性更大，相见不易；而成绩一般，亲子关系又好，如果所在地区还不错的话，那么孩子留在父母身边的可能性更大，这样对孩子也会有一些帮助，父母更能享受天伦之乐。父母自然不必阻碍孩子展翅高飞，但是如果顺势而为对孩子也没什么坏处。

对于学习成绩，尽力之后各安天命，各得其所，顺其自然就好了。

"励志"是把双刃剑

现在励志教育颇为流行，在初中，学校和老师、父母经常给孩子励志，好的高中多么好，学习环境好，学生素质好，将来人脉也好，而一般的高中多么不堪，鼓励孩子一定往好的高中冲。孩子进入高中，又大谈大学平台、圈子的重要性，进入好的大学人生会有多么美好，进入一般的大学就没前途……

励志对于激发孩子的学习动力、斗志自然有一定效果，让班级学习动力、状态、气氛更好。但是，这种励志是一柄双刃剑。孩子学习顺利时看起来一切都好，效果不错；如果不顺利，那么孩子就会想到自己可能考不上好高中、好大学，那么美好的未来就与自己无缘，焦虑、担忧或恐惧便油然而生，学习状态下滑，进一步焦虑、担忧、恐惧……如果不及时调节，相对脆弱敏感的孩子就容易产生心理问题。

所以，励志也要适度，我们可以鼓励孩子考入更好的学校，保持一定的学习动力，但是不要夸大不同结果之间的差别，努力之后可以对结果顺其自然。在励志的学校氛围里，在巨大的学习压力之下，父母更多地要给孩子减压，帮助孩子稳健地度过这段特殊的时期。

另外，不必想方设法让孩子发挥最大的潜能。一味地追求高收益，风险必然增大。孩子使尽全力甚至透支，一遇到风吹草动，就容易出问题，甚至出大问题。学会降低要求，留有余地才能稳健前行。一位赛车世界冠军说过，驾驶赛车不可能一直全速前进，必须让速度和自己的驾驭能力相匹配，面对风险大的弯道就需要放慢速度，留有余地，这样才能获得最后的胜利。

一位高一男生的妈妈这样说。

我现在亲身经历了，才悟出了维尼老师所提倡的这些理念的精髓。以前看了书，总是不懂，太贪心，孩子已经很优秀了，我还希望他更优秀，考上了好高中，我还希望他考上好大学，不断配合学校一起给孩子加压，结果每天鸡飞狗跳，恶性循环，孩子得了抑郁症，休学了，我也焦虑伴随抑郁。我现在只要求孩子健健康康，学习是一辈子的事情，不是三年、七年就能决定的。我放下一切，接纳孩子的一切，亲子关系逐渐好转，孩子越来越积极乐观，终于走出了那段黑暗的时期，重新上学了。现在看到很多父母还很执着，一定要等孩子出了问题才想办法解决，那时给孩子带来的伤害就太多了。

找到适合孩子的发展方向

孩子的发展规划是父母需要早早考虑的课题，不要等中考、高考时才匆匆做出决定。孩子上什么样的高中，选择什么样的专业，要早早去调查研究，选择适合孩子的方向。

中考前两个月，一位初三女孩的妈妈找我做咨询。孩子的成绩在班里排名中下，不爱学习，还时常有不想上学的念头，妈妈期望让孩子努力学习考上普高。

这个孩子学习方面悟性一般、潜力不大，即使勉强考上普通高中，三年的学习也会比较艰难，考上大专的可能性较大，也可能会辍学。所以，对她来说，选择喜欢、擅长的专业，去省会上五年高职是不错的选择。放过孩子，也放过自己。

这个家庭从未考虑过高职的选择，听了我的建议，他们也觉得有道理，妈妈说，孩子之前几次强烈要求不上学，认为自己笨，不是读书的料，如果硬逼着她去读普高，说不定哪天就真的不读书了。有个亲戚的孩子读普高后，听不懂课，读了一年半就不读了。这几年他一直为孩子的学习而焦虑，再这样过三年，自己的心理也会出问题的，更不要说孩子了。

这对父母在多方面了解了情况之后和孩子做了沟通。孩子觉得挺适合，于是选择了一所不错的高职学院，其中设计类专业正好和孩子的美术爱好契合。

孩子觉得找对了方向，对前途也有了信心，充满了希望，学习的动力也自然显现。

妈妈这么说。

孩子现在心理压力得到了释放，又有了动力，状态不错，变化

真的有点儿大。晚上居然知道自己学习了，玩手机的时间也能自己控制了。有一次我去聚餐，回家晚，老公说孩子自己在做题。之前她很反感我守着她写作业，现在有时我和爱人都在她房间，她也啥都不说，写自己的作业。有一天主动和我算分数，她觉得每科再提高十分没问题。看到孩子上进、努力、自觉，我们做梦都要笑醒了。

这些在以前都是不可想象的。那时太急躁，总想着孩子上名校，结果逼得太厉害了，所以她孩子总是和我们对着干。现在想来，既然孩子的学习能力一般，那就先走适合自己的路，以后的路还长，一直都有机会，不见得将来就比其他同学差。

我现在想，尽自己最大的努力，至于结果，就顺其自然吧（我也是这么和孩子说的），所以她能静下心来看书，改变自己。我现在语气变了，不再咄咄逼人，有事和孩子商量，听取孩子的意见，关系好了，再去影响孩子，孩子也愿意接受。这比以前总和孩子讲大道理管用多了。

以前被我打击得太多，孩子没什么自信。现在我看到了孩子的优点，孩子也不觉得自己不如别人了。她有一天说："妈妈，我在高职再努力一点儿还可以拿奖学金的。"虽然我没有再教育她要有自信心，但是感觉她自信了。

我以前对孩子的学习成绩特别在意，觉得丢脸，现在不这么想了。自己晓得孩子在学习方面的水平，但是她也有自己的长处，干吗用孩子的短处和别人的长处比？这不是和自己过不去吗？维尼老师说"放过孩子，放过自己"，这句话我现在才懂。

最后孩子中考成绩不错，超过了分数线五十多分，我想，这是孩子美好未来的一个新的开端吧。

有一名男生初中学得比较吃力，中考前妈妈建议他报考五年高职，但他坚持报考普通高中，妈妈也只好尊重他的意见，最后勉强达线。进入高中后，他发现高中的课程难度增加不少，学得更加吃力。此时他懊悔不已，怪妈妈当时没有极力劝阻他，想方设法要转到职高，情绪波动很大。他以前觉得上了普通高中才有面子，上一个好点儿的大学别人才会高看一眼，现在发现其实适合自己的才是好的。

千军万马过独木桥的时代过去了，现在有很多种受教育的途径，父母可以根据自己家庭、孩子的情况来选择。找到了适合的道路，父母和孩子的压力、焦虑也都会减少一些，父母会更好地和孩子相处。

孩子今年上初一后，成绩大幅下滑，尤其是数学，几乎没有及格过。面对一条条考试成绩的短信，我越来越着急。虽然没有训斥孩子，但孩子越来越不自信。我想和孩子一起把数学复习一下，但他很抗拒，总是没办法按照计划进行。我也变得越来越焦虑，每天总是想着孩子的学习，无心工作。

后来我找到维尼老师做咨询，维尼老师根据我家的条件和情况，建议孩子上国际高中，这样能减轻学习的压力。一天孩子说："我真不想去上学，不知道这种学习有什么意义。"以前每当他这样说，我就紧张，总想说服他。这次我先顺着他说："是啊！上学确实挺累的，比我上班还辛苦。"他又说："为什么国外的学校就可以又玩又学？我现在所有的时间都被学习占了，真是很累！"我趁机和他商量："那我们可以考虑初中毕业后去上国际高中啊，那就基本按国外的教育方式学习了。初中三年我们努力一些，高中三年就可以轻松一些了。"儿子一听，觉得很有道理，兴奋地说："是啊！妈妈，我要去上国际高中，我以前就想去国外上大学呢。"

之前孩子一想到要辛苦学习六年就心存畏惧，感觉看不到希望，现在知道自己再努力两年多就可以读国际高中，压力小了很多。我以前总纠结于孩子中考成绩差怎么办，现在找到了适合的道路，焦虑也得到了缓解。

维尼老师说有时要多让孩子自己来体验应该如何做。孩子不想找家教辅导，我也先顺应，让他自己学试试。晚上他做作业，我干自己的事情，也不催促他，由他自己安排时间。有了目标之后，他学习的动力也充足多了，反而每天8点就完成了作业。之后他有时会说："妈妈，今天我能不能休息一下，不复习？"我也顺应他，他听《论语》、画画，最后和我一起读读闲书。以前我一定会逼着他再做复习题，几乎每次都是两败俱伤，儿子满是情绪地做着题目，我则感到身心俱疲，慢慢地，儿子越来越厌恶学习。现在这样，我觉得挺好，学习本来就是孩子自己的事情，在他需要的时候我给予帮助就好了，不必事事插手。

儿子的情绪时不时还会有所反复，我也一样。情绪波动时，我就想孩子的表现其实"很正常，没什么"，心情就平静多了。放下对成绩的执着，心情也放松下来，渐渐发现儿子其实还有很多优点，即使成绩不好，孩子的未来想来也不会差。就这样，我的焦虑越来越少，心情逐渐平静了。

有一次老公送了我一部苹果手机，我没用过就在那里摸索。儿子会用，就在旁边不停地教我。但我想自己先摸索一下再说，就有些烦。

这时，老公就在旁边说："儿子，你赶快帮帮你妈，把所有的功能都帮她弄好了，她不会。"

我儿子也挺机灵的，立刻就明白了他爸的意思，马上说："是啊，你这么简单的东西都不会弄，还不如我来帮你弄好！"

我说："不用，我自己慢慢会弄好的。"

儿子说："我不相信你，你肯定不会。"

我老公又在旁边说："赶快给你妈报个辅导班。"

之后我儿子继续不停地说，都是我之前常和他说的话。他最后停下来说："妈妈，现在你知道我以前是什么心情了吧？"

我若有所悟，当别人不相信你时，那感觉真的是很难受。我之前总是让儿子按照我的方法来，看儿子学得慢就焦虑，想来他每次都难受啊！

　　现在他虽然还是有惰性，总不想复习，但我想还是别强迫他了，有机会再引导吧。我只检查他的作业是否全部完成，然后签字，放手的结果看来还不错。有天晚上他说："老妈，你现在还真不管我作业啦？"总体来看，放下了对成绩的执着，孩子并没有对学习松懈，因为他也希望能够早些完成作业，成绩能有所进步，那样他也感到很高兴。

　　有一天晚上，孩子说第二天早上起来要给我们做饭，还问我们想吃什么。我以为他肯定起不来的，结果他自己定了闹钟，早上6点钟真的起来，把香喷喷的早餐做好，全家一起吃饭，那感觉真好。

　　特别感谢维尼老师在我最无助的时候，给了我那些宝贵的建议。我为孩子焦虑了好多年，现在在孩子青春期，我又重新体会到了和孩子一起相处的幸福。

重视孩子的发展规划

　　及早开始孩子的发展规划、职业规划也是重要的。很多父母在孩子报志愿时很茫然，不知道孩子适合学什么专业。如果孩子四五年一直学习自己不喜欢、不擅长的专业，也是巨大的浪费。所以，不要只盯着孩子的学习，提前一两年就要考虑孩子适合从事的专业。并且深入了解一下该职业的真实情况以及可以报考的学校，及早和孩子商量和沟通，在尊重孩子意见的基础上争取达成一致。

另外，即使是报考普通高中，志愿填报也是重要的。有不少家庭不了解孩子的能力、潜力，不懂如何理性地填报志愿，甚至没有搞清楚规则，这样会吃大亏的。比如有一个孩子没有冲击重点高中的实力，结果一、二志愿都报得过高，本来有可能上一个还可以的二流高中，最后只能服从调剂去排名最末位的高中。而有一名平常学习很好但不稳定的男生，听取了我的建议，把排名第三的高中作为第一志愿，虽然中考发挥不好，与分数线还差几分，但是取得了学校指标生的名额，加分后如愿升入理想的高中。

中考、高考志愿的填报常常比较复杂，选择也很多，花时间好好考虑，研究专业如何选择、志愿如何填报，其中的得失相当于考试几十分的差别，而且可能关系到孩子的一生，不可不谨慎。

教育要顺势而为

现在流行的教育理念往往夸大了教育的作用，好像只要父母用心、方法得当，就一定能实现预期的目标，一定能把孩子塑造成自己期望的样子。其实，大多数情况下这是不可能的，尤其孩子到了青春期，难度更大。

青春期的孩子比小时候更难改变，所以教育孩子与其强按牛头不喝水，不如顺势而为，顺应孩子的特点去教育、引导，选择适合的方向。不要试图把一匹骏马改变成一头狮子，也不要把一只孔雀变成一只雄鹰。这样做的难度往往比较大，需要较高的水平才能有些效果。而且因为过于勉强，容易发生冲突，破坏关系，反而不如顺势而为。孩子是骏马还是狮子抑或是一只兔子，是孔雀还是雄鹰抑或是一只云雀，都可以有自己的精彩和幸福。父母要扬长避短，顺势而为。

比如，暑假里我本来准备让女儿练练钢琴，但是她不太想练，突然对做饭很感兴趣，常常找一些视频来学着做，做得好吃就很开心，不亦乐乎。她小时候我曾经想培养她做饭的能力，却一直没有如愿，现在自然出现了，那么就顺势多加支持和鼓励。过了一个月她自己又主动提出要学钢琴，那么我就帮她找好老师。

再如，经过初中三年的拼搏，如果证明孩子并不是学习的材料，那么也可以顺势选择适合他的五年高职学校、专业。在家庭教育上多花心思，全家避开高中三年的煎熬，也是不错的。

又比如，你本来想培养孩子成为一名医生，但是发现他对此并不感兴趣，而是对绘画更喜欢、擅长，那么顺势帮助孩子报考美术方向的高中，可能更好。

我们的预期、设计不见得适合孩子，所以需要保持开放的心态，根据孩子的特点顺势而为。

养育孩子不要太贪心

在十月怀胎的时候，我们只希望孩子能健康，和自己一起幸福地长大，之后就增加了越来越多的欲望，要求太高太多，孩子做不到就生气着急，结果逐渐远离了初心。

很多父母只盯着孩子的学习，忘记了他还有很多优点。也许孩子成绩不理想，但可能身体健康，性格好，善良懂事；或者容貌、身材不错，也许他擅长音乐、舞蹈、美术或体育；或者说话办事不错、交往能力强。这些对孩子的将来都是重要的、有用的，为什么要那么贪心，非要孩子学习也好？

很多父母只关注孩子的成绩，却忽视了孩子的内心。

一位妈妈这么说。

我的儿子读高三，在省重点中学就读，最近迷上了玩手机和打游戏，和我们的关系非常疏远。我想，一是学习压力巨大，周围同学都是学霸，初中的优势不再；二是青春期的迷惘、困惑、苦恼无法宣泄！我们家长一味关注成绩，甚少关心孩子的精神世界，不懂得如何和他沟通，一味地说教而不是倾听。孩子最近和我发生了激烈的冲突，他甚至要做出极端的举动。

孩子读初中时看起来不错，成绩也很好，可现在想来，其实孩子有时也不快乐，但被我选择性地忽略了。当时孩子喜欢的一些东西，因为与学习的关系不大，所以我们都不支持，甚至反对。我们父母急功近利，只看成绩，对孩子伤害较大。

向维尼老师咨询之后，发现孩子身上的优点很多，不少方面也很优秀。

其实孩子的学习也不错，只是我们的要求太高，以致看不到孩子身上的优点。我为什么这么贪心呢？

就像维尼老师说的，孩子将来考得好点儿差点儿其实差别没那么大。孩子在很多方面还是很不错的，有自己的个性，有自己的想法和特色，将来发展应该有不少机会的。

心态放平了，再去看孩子，就容易转换认知了。孩子玩手机、看网络小说，也是一种放松；孩子看的网络小说也许像当年金庸写的武侠小说一样，当时父母也反对，现在却成了经典。孩子卖二手物品，虽然耽误了些学习时间，但这也是对财商的培养，也是综合素质的一部分。

高三的压力本来就大，如果心态不好，出现心理问题，那么浪费的时间可能就不是一两周了。孩子也是想考好的，只要现在保持正常，高考也不会差的。所以，要求不用那么高。

放下焦虑之后，我的心态慢慢好转，和孩子的关系也在改善，情况越来越好。想想以前，执着了那么多年，如今碰了壁才醒悟！

一位高中女生的妈妈向我咨询，孩子成绩不错，在学校学习很努力，但是压力非常大，在家里经常哭闹，发脾气。晚自习回家之后一点儿也不学习，而是疯狂地玩，打游戏，聊天，唱歌，看电视……妈妈很焦虑，浪费这么多时间，多耽误学习啊！

我则认为孩子学习压力这么大，既然在学校里能努力学习，在家里就不必还要求孩子学得好，那样太贪心了。孩子回家玩是自救的方式，否则真的会崩溃的。父母能做的就是理解、接纳，甚至鼓励她去放松调节，只要保持平稳的心态，考上好大学的问题不大。妈妈按照我的建议去做了，孩子的心态越来越好，最后考取了理想的大学。

放下执着，与孩子好好相处

以下是一位家长的分享。

四年前，我认识了维尼老师，在维尼老师的教育理念渗透润泽之下，我沉下心来，总结、记录、分享于此。

在我的认知里，我对优质学校的追求似乎根深蒂固。从幼儿园到小学，闺女一直在我心仪的学校，童年的记忆也是轻松多彩的。初中她也进了想去的学校，还被分配在强化班。但是此时闺女不再像以前那样优秀和突出了。一直记得初一首次数学测试，闺女回来哭了——班级最低。然后我发现孩子的数理化成绩排名在班级偏后从而导致总分落后的现实。

那时的我，内心是惊慌失措的，尝试过让孩子补习，走了一些弯路，加剧了挫败感。那时的我，执着于孩子的学习成绩。多焦虑、多指责、多抱怨，一直以来亲密友好的母女关系不断破裂。为了分数，我断然拒绝闺女玩电子设备的娱乐要求，而闺女干脆反锁卧室门，反感我不断窥探、横加指责的不信任常态。就这样，我们的许多精力牵拉在无谓的对抗中。

后来我无意中发现了维尼老师的文章，觉得文字质朴、事例明晰，所以一直跟随。后来维尼老师的著作《顺应心理，孩子更合作》出版，我阅读了两遍，认真做了笔记。维尼老师的理念和方法陪我和孩子一起走过青春期。

我受益最多的是维尼老师介绍的认知疗法。陪孩子走过青春期，父母的心态和情绪最重要。而要调节情绪，首先就要改变认知。

在闺女上初二时，我为什么那么紧张焦虑，原因就在于我的认知出了问题。因为我执着于孩子的成绩，非要她考上最好的高中，似乎提高成绩是轻而易举的事情，所以孩子虽然很努力，但是我却总是不满意，最后我焦虑，孩子沮丧。反复读维尼老师的文章，我有一天忽然醒悟，改变了认知：闺女是偏科的，理科学习方面的悟性、能力并不突出，这是客观事实。同学们大多数能考上最好的高中，那么孩子能考上较好的高中也挺好，尤其文理分科（回避不擅长的理科）后会更好。另外，孩子的性格阳光向上，善于处事，人缘较好，有自己的主见，这些综合素质对于她的未来可能比学习成绩更重要，所以前途还是光明的。

认知改变了，自找的重压也就放下来了，就像维尼老师常说的：放过自己，也放过孩子。依然记得中考前填写志愿时，我和先生一起和闺女交流，帮她减压，那天闺女眼泪滂沱。这是我们一起成长的过程中的宝贵经历吧。

　　理解、尊重、接纳的理念看似简单，作用却很大。以前我忽视孩子的感受，不知不觉中压抑了孩子。现在学会理解孩子，设身处地地为闺女着想，顺应了孩子的心理，很多事情便豁然开朗了。

　　说说闺女追星的事。初中后，她先后迷上了好几支乐队、好几位歌星，花了不少时间去搜集明星的资料，谈论发生在歌星身上的事。我挺反感，觉得太浪费时间。记得暑假一次我们三口夜行在高速公路上，车内闺女和先生谈及歌星的事，先生对其偶像的点评刺激了她。窗外万籁俱寂，我发现闺女哭得挺伤心。我和她聊后，发现她其实更多看到的是歌星身上一些良好的言行。想想我们以前没啥偶像，所以对孩子追星嗤之以鼻；再想想这也正常，比如我自己喜欢一些电影演员，也会去关注搜集演员的事，追演员的作品。我们大人可以有许多途径调解自己的情绪，孩子作为学生，主要任务就是学习，生活难免枯燥、单调，追追遥不可及的偶像也是减压的途径吧。理解了这些，便能尊重孩子的言行。不过，还是得有适当的引导。毕竟明星和现实生活是有差距的，我们先理解肯定孩子，再提出自己的看法，闺女也比较容易接受。我和先生后来还关注她喜欢的明星，一起侃侃，在她生日时，先生竟然还发给她几幅明星图片，孩子很开心。

　　良好的家庭关系是教育的基础。以前当我无力时，期望先生能迅速扭转局面，或者向他抱怨、宣泄。有一天早上快上学了，孩子还在忙着做一张试卷。我很生气，喋喋不休，先生受我的影响，怒火中烧，一气之下把试卷撕掉，闺女哭着不去上学了。先生向来比较宠闺女，那样发怒还是首次，我心中震惊。反思自己，当时是我的情绪影响了先生，让他不理性，这样根本没什么好处。所以，后来遇到闺女让我不满意的事情，我不再第一时间向先生一吐为快，而是先自己调整好心态。这样家里的和谐气围慢慢回归。中考前的几个月，我因为工作的原因没有时间关注孩子，先生则有更多的时间陪伴闺女。家庭关系好了，闺女无须逆反，没有内耗。她的学习状态也越来越好，中考时正常发挥，数学甚至发挥出最高的水平。

闺女虽然没有上最好的高中。但也挺不错的。孩子选择的文科班也正好能发挥她的特长。平时先生和闺女的交流更多，闺女常感叹："有爸爸真好，有妈妈也真好。"闺女自己知道努力，我和先生做好陪伴，一家三口其乐融融。最后闺女高考顺利，高出一本线三十五分，上了理想的大学。

这几年，有维尼老师理念的陪伴，孩子成长，我也一起成长。认知疗法、理解、接纳的理念，不但助力了家庭教育，而且已经渗透进我的生活与工作之中，积极地影响着自己和家人、同事、朋友。有时我心中有难以释怀之事，我也会把维尼老师的《内心的重建》拿出来翻翻，有安宁心神的作用，往往自己就可以排解了。

实例：那么优秀的女儿怎么了

我女儿上初一，从小聪明伶俐，学习成绩一直不错，各方面表现突出，我也一直为她而骄傲。可是她进入初中后，问题接踵而来。

她不爱写作业，每天拖拖拉拉，很晚了才开始写，导致经常写不完。生活习惯也不好，不叠被子，不收拾桌子，从来不主动收拾房间。而且见人不敢打招呼，做事情不大方，看问题很偏激，对电脑有无限的兴趣……

我的女儿怎么了？我接受不了，所以总是不由自主地唠叨，不听话就骂一顿，情况越来越糟，母女关系每况愈下。我的女儿很怕我，可是也不听我的话，而且对我越来越抵触，言语中常常流露出不想接近我。

我的女儿本来很优秀，为什么会这样？我知道是我的教育方式出现了问题。我想挽回母女关系，可是矛盾冲突不断；想让女儿回到从前，可是我无能为力。我好困惑，我的家每天乌云笼罩。

后来我决定在维尼老师这里做咨询。维尼老师说首先要理解孩子，找到孩子问题的原因。第一，小学成绩优秀，但是初中成绩不突出，孩子心理落差和压力大，所以，影响了学习的动力和兴趣。第二，我长期的高要求已经内化为女儿对自己的要求，她对自己的要求很高，甚至追求完美，所以，当遇到不顺利时容易烦躁焦虑，从而学不进去。

理解孩子很重要。理解了，才能找到问题的原因，也才能放松自己的心态，理性冷静地处理、应对问题。

维尼老师给了我一些具体的建议。目前最重要的是处理好亲子关系，没有好的关系，很多方法就无效了。所以，有些方面先暂时放低要求，比如目前孩子不爱写作业，那么暂时可以先帮助她完成一部分，作业量少了，也就不那么烦躁了，等孩子情绪好转，不那么讨厌写作业了，再慢慢步入正轨；有些方面先不用去管，比如是否收拾房间。就算不收拾又有什么关系呢？为此着急上火，影响亲子关系，真的值得吗？

解决孩子的问题不要着急，需要循序渐进，有策略、有步骤，想一蹴而就往往会更慢。

孩子的学习压力其实与我一直过多关注成绩有关，现在我才明白当孩子的心理出现问题时，学习其实就没那么重要了。维尼老师说得有道理，不同学校之间的差别没有看起来那么大，将来一直有机会。这样一来我自己首先放下了对学习成绩过度的执着，再去慢慢给孩子减压，就更有说服力了。

放下对于学习成绩过度的执着。

我一直把孩子上网当作洪水猛兽，没有理解孩子，目前女儿用电脑并不是在玩游戏，而是在钻研画漫画的技巧，学习别人的经验和方法，维尼老师说这也是一种重要的学习，想想孩子也是很努力的。所以，我对孩子痴迷漫画创作应该表示理解和支持，只是要提醒她把握好漫画钻研和学校学习之间的尺度。

只要集中精力深入钻研一件事情，做到精益求精，对孩子的成长都是有帮助的，从某种意义上来讲，这些收获可能比在学校学到的还要多。只是在学习阶段，需要掌握好其他学习和学校学习时间的合理分配。这样，我们先理解接纳了孩子的兴趣爱好，让情绪先平和下来，之后再慢慢和孩子沟通。

很多我原来认为严重的问题，经过维尼老师的分析，发现其实没有那么严重，甚至可以变成好事，或者是很正常，没什么的。所以我慢慢放松下来，当有事情发生时，告诉自己这很正常，没什么，然后就能心平气和地和孩子沟通、交流。慢慢地女儿发现了我的变化，总是问我："妈妈你最近怎么这么好？"听到孩子这样说，我有时心里好难受，以前我是给孩子造成了多大的负面影响啊。不过，改变总是来得及的，就像维尼老师说的，问题早早出现，也是好事。

当然，孩子的进步也有反复，我自己也会反复"崩溃"。每当此时，我就赶紧咨询维尼老师，重新调整自己的认知。现在"很正常，没什么"成了我的座右铭，慢慢地，我和女儿的关系改善了，咨询的次数逐渐减少，遇到问题也不再急躁，会冷静处理了。

经过调整后，女儿的学习状态有了很好的改善，全校成绩排名上升了四十名，和我们的话也多了，现在全家每天有一个故事分享时刻，女儿特别开心，每天积极地和我们分享好故事。孩子房门不再紧闭，心门逐渐打开，考不好的时候会平静地说是什么原因丢分了。

维尼老师说得太对了，改善亲子关系是关键，不要执着于那些条条框框，关系好了，再逐步调整，会形成良性循环。我们的家恢复了以往的平静，相信我的女儿会越来越好，感谢维尼老师。

第二节　如何合理地帮助孩子学习

初中学习的难度比较大，能辅导孩子学习的父母就比较少了；到了高中难度更大，能辅导的父母少之又少。在辅导时，父母容易生气、发火，会引发冲突。时间久了，孩子可能会拒绝父母的帮助。所以，父母需要更多地寻求外界的帮助，或者放手让孩子自己学习。

当然，如果父母懂辅导、情绪控制得好，还是可以适当辅导孩子的，毕竟比较方便。此外，多体谅、多鼓励，帮助孩子减压、调整心态，合理地管理手机和电脑，适当地督促和提醒都是需要的。至于成绩，还是努力之后顺其自然吧。

努力之后，对结果顺其自然

对于学习成绩，我建议父母不要太执着，但这不等于放任自流。学习还是需要努力的，学得好一些，至少有助于孩子在中学阶段快乐、自信一些。

努力之后对结果顺其自然，并不是说努力了一段时间之后没有效果就放弃了，而是要一直努力，直到中考或高考乃至以后。无论结果如何。孩子的人生中有一段拼搏的经历都是不错的。如果能对结果顺其自然，心态会平和，可以减少冲突、痛苦、焦虑，少走弯路。努力的效果反而会更好。

努力到什么程度，也需要遵循中庸之道。

有些父母努力过度，过于焦虑，管得太多还不会管，经常批评、发火、逼迫，这种努力适得其反，需要学会放手和放下。

相反，还有一些父母对于孩子的学习管得太少、帮助得太少，或者不会管，这也不利于孩子学习的进步。有的孩子还是需要父母的帮助或者适当的督促、提醒的。

对大部分孩子来说，可能存在的问题是学习的努力程度不够，过多地玩游戏、看动漫，这自然需要改变。不过，孩子也要避免努力过度、枯燥，学习是万米长跑，如果用百米速度去跑，会透支体力的。

有一名准初三男生自觉、要强，他在初二下学期的地理、生物会考中很努力，考完觉得很累。之后的暑假，妈妈又给他安排了一天八小时的初三预习课程，二十多天下来，他感到精疲力竭，不想学了，之后多年积累的矛盾爆发，最终休学了。

有一名高二男生，有时会很拼，但是之后就感到很疲惫，一两周不想学习，情绪也不好。有一名大一男生，高中学得很苦，靠意志坚持了下去，最后虽然考上了名牌大学，但是心理问题大爆发，极度厌学，后来挂科很多，不得不退学。

管，还是不管

孩子的学习自然是需要家长适当约束的。游戏、动漫、小说的吸引力太大，孩子大部分难以自制，有父母帮着抵御诱惑自然会好一些。学习任务重，难度大，孩子有时不太想写作业是正常的，有时遇到的困难也难以自己克服，所以，父母适当推动、帮助还是有必要的。

但是青春期的孩子越来越难管了，如果家长管的方式方法有问题，容易引起孩子的反感、抗拒，引发冲突，导致逆反。

所以，管还是不管，如何管，还需要具体情况具体分析。

如果亲子关系已经很差，孩子逆反，这说明父母的教育以前是存在问题的，在某些方面伤害了孩子或者让孩子很反感了。那么管也是没有作用的，只会让关系越来越紧张。所以，只能先不去管，先闭上嘴，多顺应孩子，待关系缓和之后再说。

如果亲子关系不算太差，那么父母首先要管好自己，学会调整心态、控制好情绪。学会和孩子沟通，合理地和孩子相处，之后可以适当地管孩子。因为亲子关系改善了，方式也合理，孩子可能会接受这种管。但是，父母的成长也并不容易，可能很长时间之内进步不大。如果管得还是不大恰当，那么还是要少管一些，学会闭嘴。

如果亲子关系不错，而且教育方式比较合理，管孩子就会轻松一些，一般会有效果。不过，即使如此，也需要适当为之，学会适当放手，不能管太多、太严格。

如果孩子具备了一定的能力，学得也比较顺利，那么父母放手的效果可能是不错的。

一位妈妈这样说。

维尼老师，您好！向您咨询之后一年过去了，女儿最近的情况还不错，在班上成绩一直保持中上。

我经常和孩子聊天，她会和我说些好玩的事，我也会说说自己的烦恼，她有时还会安慰我。我的体会是，对她的烦恼一定要重视。您说亲子关系很重要，确实如此，关系好了，再去引导她，她也愿意听一些。

她说不希望我管她的学习，她自己知道怎么学习。所以初一整整一年，我基本没有再关注过她的学习，她也能自己安排学习。我发现女儿最不喜欢我唠叨，我一说她就烦，所以我也就懒得说了。

我现在很多事情都尽量不干涉她，让她自己做主。比如以前上过一个英语班，后来她说上课太枯燥，不想上，我就同意了，不想学，逼也没用，就让她自学。后来自学效果不好，英语没考好，她有些着急了，说要找一位老师辅导一下，我们也答应她，找了辅导老师，她的积极性挺高，自己选择的道路，可能更愿意去坚持。以前她数学不太好，她让我找些课外练习册，期末考试前自己认真地做模拟题，所以数学考得还不错。

以前总觉得她没有上进心，后来发现如果不管她，她的内心还是蓬勃向上的，成绩差了，自己就会抓紧一些；如果管得紧了，她反而不想做。

当然，我可能放手有余，督促和帮助不足。维尼老师也说了，想把握好尺度还是很难的。对我来说，我不是很懂教育，能力也没有那么强，多放手也许更适合我。

孩子如果在学习上陷入了困境，还是需要家长管教和帮助的。在孩子恢复常态后，家长再逐渐放手。

我儿子今年上初一，小学时写作业就常常拖延、磨蹭，不过，那时作业量比较少，还不至于影响睡眠。但是到了初中，作业量和难度明显加大，经常写到晚上 10 点多，有时要到 12 点多。他的学习成绩每况愈下，从开始的中游到期中考试的倒数八九名。不仅如此，孩子差不多还要天天被老师点名批评。

我特别痛苦，吃不下饭，睡不着觉，一看到老师的信息就紧张、焦虑，担心孩子又在被批评之列，简直到了快要抑郁的程度。

开始我以为是自己管多了，所以痛下决心，让他自主安排学习时间，我不催、不提醒，结果效果很差，好几次都是快半夜 12 点才完成。周末也是如此，作业进行得很迟缓。周日早起写数学作业，我喊他吃饭，他坐在桌前发愣，说该做的数学题一道也不会，都没有做出来，说着说着就哭了，说作业为什么这么难。那次虽然我理解他的感受，也安慰了他，但是两三个小时的作业量，最后还是耗了一天才完成。

我极度郁闷，决定向维尼老师咨询。老师告诉我首先要放松心态，试着改变认知，先去接纳孩子的现状。接纳他出现的各种问题，接纳他可能会被老师批评的状况，先稳定自己的情绪，再去想办法帮助孩子解决问题。

我每天开始试着用维尼老师的三种思维（坏事变好事；很正常，没什么；顺其自然）缓解焦虑和紧张情绪：出现这种问题是我和孩子成长的机遇，也是好事；这种状况只是暂时的，慢慢找到方法之后，就会有所改变，所以也没什么了不起的；问题既然出现了，多想办法解决就可以了。这样我慢慢不那么紧张、焦虑了。

以前孩子爸爸一直反对在学习上帮助孩子，他认为学习是孩子自己的事情，应该让他自己承担后果。我也困惑，帮助了，怕孩子依赖；不帮吧，有时作业确实难，孩子很烦躁、不想写。维尼老师说，孩子目前的状况需要家长先去帮助他，减轻一些负担，让孩子感受到我们的理解和支持，也避免他总是觉得作业那么烦。慢慢地，他的作业完成得早，再让孩子自由支配时间，让他体会到早写完作业的乐趣，也会增加他写作业的主动性和积极性。这些帮助对于打破目前的恶性循环是必要的。

我觉得维尼老师说得有道理，所以就按照他的指导来做。以前孩子关起门独自写作业，现在我和他一起学习，他写作业我看书，创造一个安静、良好的学习氛围。最初他经常走神，我心里非常着急和生气。但是维尼老师说孩子上了一天学，也很辛苦，回来还要写那么多作业，走神也很正常，没什么，温和地提醒一下就可以了，开个玩笑也可以。我的心态改变了，孩子也愿意接受，提醒一下就管用。有时作业太多，我就帮他解决一小部分；有时他觉得题目难，我就给他讲讲，如果我也不会做，就上网查，和他一起看一下解析。

过了两周孩子写作业的速度提高了，有一次周日上午就把作业写完了，这给了孩子信心。之后有个晚上作业不是太多，孩子的状态也特别好，8点就完成了所有的作业，孩子别提有多高兴了。对于自己能提高效率快速做完作业越来越有信心。他完成得早，我们就让他自由支配时间，他感觉挺好。

孩子在学校的表现也稳定下来，我也能淡定地接受来自老师偶尔的批评，接纳孩子的现状，再尽力想办法去帮助他解决问题。孩子在学习上比以前踏实、认真了不少。

经过一个多月的时间，孩子的作业已经能够正常完成了。看到孩子基本走上了正轨，我也慢慢撤出来。孩子有了兴趣和信心之后。他觉得自己写作业也可以了。

当然，整个过程是曲折、反复的，很考验我的心态。以前我遇到问题会很着急，现在则会告诉自己先冷静下来，接纳孩子，再着手想办法解决问题。建立良好的亲子关系也是重要的，这样孩子才会听我的，问题解决起来也会容易些。

以前我读过维尼老师的《顺应心理，孩子更合作》，但是没有和实际相结合，所以也不太会应用。现在为了解决孩子的问题，再读这本书，感觉很多理论一下子就入心了，变成了灵活实用的方法，重新给了我希望和力量。希望大家都能学会调节自己的心态，在教育的路上少一些焦虑和困惑，多一份从容和淡定！

孩子不同，方法不同

每个孩子都是不同的，所以适合他们的学习方法也是不同的。

比如建立错题本是很多专家提倡的方法，对学习优秀的孩子而言，他们做题时错误比较少，作业做得快，所以可能会有时间来整理错题本，效果应该是不错的。但对于一般的孩子来说，做题错误多，作业做得慢，可能就没有时间整理了。此时父母可以帮助孩子整理，或者帮他们留存好批改过的作业、试卷。

再如预习，对那些悟性高、能力强、基础好的优秀孩子而言，课前的简单预习可能就够了，因为预习的目的是知其大概、了解难点，上课重点听就可以了。

而对于能力一般的孩子，如果只是这样预习，听课就可能听不懂，作业完成得困难，信心、兴趣会受到打击，可能形成恶性循环。所以，预习时间需要更加充分一些。但是能力一般的孩子，完成作业所需的时间比优秀孩子要多，所以，平常又没有时间充分预习。这样一来，预习或者提前学习的最佳时间只有周末了。

如果孩子自觉性好，可以假期自己预习，这也是不错的，同时还可以培养孩子自学的能力，提高学习的主动性。

经过充分的预习，孩子可能上课听得轻松，作业完成得快，成绩提高，对他的学习信心和兴趣都有帮助，有助于激发孩子的内在动力。

手机辅助做作业的问题，也需要考虑孩子的情况。作业应以自己完成为主，鼓励孩子钻研，不会的先空着，等待老师来讲……对能力强的孩子来说，这些做法是适合的。但是对能力一般或者较差的孩子来说，作业中不会的或者错误的较多，老师上课可能也没有时间详细讲，所以有时借助手机软件，看一下详细解析也是可以的。其实，只要孩子想好好学习，请教老师和查手机软件的效果是类似的。

当然，有些孩子没有那么自觉，可能会用手机软件来抄作业。而且手机放在身边，可能会忍不住玩手机。这就需要家长帮助控制了，比如平常手机收起来，每天给一二十分钟查一下等。

在攻克难题方面，能力强的孩子要鼓励他勇于钻研，独立思考，迎难而上；但是能力一般的孩子，还是应该侧重于掌握好基础知识，拿到应得的分数，即使提升难度也要循序渐进，难度适中。讲解题目也是如此，给孩子讲解太多难题，或者讲解难度超出孩子水平太多的题目，孩子听不懂、掌握不了，既达不到效果，又会打击他的兴趣和信心。

做题策略也是如此。水平高的孩子每分必争，而水平一般的孩子则需要学会适当放弃。比如，数学选择题、填空题的最后一题通常比较难，水平一般或较差的孩子在简单尝试之后，如果不会就可以放弃，把更多的时间用在有把握的题目上更为科学合理。

很多学习方法都是适合于能力强、学习成绩优秀的孩子的，如果学习能力一般或者较差，就要摸索、选择适合孩子的方法。

学会体谅孩子

女儿上初中，通常作业写得比较晚，早上 6 点多就要起来，我觉得挺辛苦，常常对她说："你真不容易啊，我都佩服你这么能坚持。"一天早上送女儿上学，在电梯里遇到同一年级的邻家孩子。我说了一句，孩子们这么早起床真是不容易呀！孩子妈妈义正词严地说："该辛苦的时候就要辛苦，该享受的时候就享受，现在是该辛苦的时候。"她大概怕我削弱了孩子的斗志，抱怨学习苦吧。我没说什么，出了电梯，我女儿说："她怎么这么说话！"看来不喜欢听她这样说。

这位妈妈的想法自然有一定的道理，但是缺乏理解和共情，孩子可能会觉得她站着说话不腰疼。现在中学的孩子不容易，学习任务重、难度大，学习时间长，竞争压力大，缺乏身体的锻炼，缺乏睡眠……可能比大多数父母当年要辛苦得多。

当然，吃几年苦对孩子的成长是有好处的，这段奋斗、拼搏的人生经历也是宝贵的，孩子的潜能还是比较大的，大部分孩子坚持得不错甚至斗志昂扬，虽然有时也会抱怨、质疑，但还是会早早起床、很晚才睡，坚持把作业完成。有的孩子说："回头看好像也没那么辛苦，或者苦中有乐，咬咬牙也就过去了。"

但是，有时孩子难免会因此觉得烦躁、压抑、疲劳，如果父母能体谅孩子，与他共情，有助于孩子宣泄负面情绪。孩子得到了理解和支持，心情好了，好像也不觉得那么累了，有助于更好地坚持。

相反，在孩子感到烦躁、疲惫时，如果父母总觉得孩子应该自己去克服和面对，甚至流露出对孩子的不满，那么孩子的负面情绪得不到宣泄，还会感到无助、无望，那么可能更容易想到放弃。

一位家长这么说。

我儿子现在上高一，刚开学的时候真有些吃不消，每天晚上写作业到 12 点多，所以时常会有些情绪。有一天晚上，我进去问他，要不要帮忙，比如查英语生词之类的，他说不用了。我接着说，每天看见他做得那么晚，我很心疼。他流露出被理解后的那种欣慰。

另一位家长则这样说。

在女儿上高中以后，学校在时间上抓得比较紧，本来一周回家一次改成两周一次。丫头回来总会表示各种不满。我每次对她的诉苦都表示理解，会对她说"上学真不容易""要多注意休息""下课多出去玩玩"之类的话。事实证明孩子唠叨完了就会很快地该干吗干吗，并没有因此而生出懒惰情绪，考试成绩也稳步提升。

想想我们那时候上初中，哪有这么多的作业？周末还可以随便玩玩。再看看现在的孩子，每天学习到很晚，周末补习，根本没有喘息的时间。还是多体谅一下孩子吧，我们的理解会让孩子变得更好！

一名初三女生，原来学习成绩很好，后来因为一些打击逐渐不爱写作业。成绩下降，总被批评，压力比较大，常常大发脾气，冒出不想上学的念头。她妈妈开始很着急，但是孩子越来越糟糕。后来她妈妈在我这里咨询，逐渐学会了体谅、理解孩子。晚上9点多孩子就很瞌睡了，妈妈就顺应孩子，让她先睡，休息一会儿再接着写；孩子作业又多又难，妈妈陪着孩子一起做，帮助孩子做一部分。孩子感受到妈妈很关心她，就逐渐认真、平静了。之后孩子和妈妈说了很多心里话，也和妈妈交代了暑假偷偷玩电脑的事情，亲子关系慢慢好转。其实，孩子对自己的作业要求还是很高的，即使妈妈为了她休息好而劝她降低标准，孩子也坚决不同意。

鼓励孩子的小技巧

在目前学校的氛围里，孩子考得不好不但会心里难受，还会压力颇大。所以，孩子都是想学习好的，成绩好了自然感到高兴，一般不需要父母打击孩子使之警醒。

父母也许没有知识方面或者经济方面的能力去帮助孩子，但是可以多去安慰和鼓励孩子。即使孩子的成绩不理想，但是总存在有进步或相对较好的学科，对这些父母可以多加鼓励，不理想的方面则可以忽略。另外，对孩子平常学习表现比较好的方面，父母也可以多加鼓励，只要用心寻找，总是能找到可以鼓励的地方的。

当然，鼓励也需要适当、实事求是。对不符合实际的鼓励，孩子觉得言过其实，可能并不太相信；过于肯定的鼓励也不好，比如相信孩子一定能够考上什么样的学校，或者一定能考好、学好，其实，谁能保证呢？这也意味着过多的压力，会带来负面的影响。

要不要陪孩子写作业

到了中学，如果父母有能力辅导，而且情绪、心态比较好，那么直接辅导孩子也是不错的。但是具备条件的父母毕竟是少数，所以，往往不得不寻求老师或网课的帮助。这也是目前父母们普遍的做法。

培养孩子独立完成作业的习惯自然是需要的，但是如果作业太多，父母也可以帮助孩子做一些辅助性的作业，比如查查资料、抄写作业、制作手抄报之类的。如果孩子有些厌学，作业完成困难，那么也可以先想办法帮孩子减少一部分作业，等孩子情况好转再慢慢恢复正常的作业量。有时作业太多，孩子自然会感觉有些心烦，不大想开始做作业，此时可以尝试找一位大学生老师和孩子一起写一部分作业。孩子有了父母的理解，有人陪伴，作业会完成得轻松愉快一些。孩子和辅导老师一起完成一部分之后，剩下的作业孩子独立完成也不会觉得那么困难了。这种方法不见得会提高多少成绩，但是会让孩子学习得快乐些，至少能正常地完成作业，也能体会到早完成作业的快乐，减少厌学情绪，提高孩子对学习的兴趣。有了兴趣，有了早完成作业的习惯，即使没人帮忙，孩子也会自觉完成作业。

不分孩子的情况，千篇一律地布置作业，本身不符合因材施教的教育规律。目前有的学校教育也有一种新的教学方法——分层作业，就是根据孩子的情况来调整作业的量和难度，只是暂时没有得到推广。有了父母或者老师的帮助，相当于实现作业分层，也是符合教育规律的。

如何减少辅导孩子时的火气

如果父母有能力辅导，那么就需要学会在辅导时调节自己的情绪。

首先，需要放下对于成绩的过多的执着，努力之后对结果顺其自然，那么心态会淡定一些。其次，学会接纳孩子的现状，改变不合理的习惯性思维。"接纳"这两个字看起来简单，对于调节情绪却很重要。

1. 你为什么连这个都不会？！

每当你心里闪过这个念头或者对孩子说出这句话时，火气就会"腾"地冒出来。你如果觉得孩子应该会，而孩子总听不懂或者又出错，你自然会容易生气。

一位爸爸这样说。

我有时因为孩子听不懂、不会做、出错而发火，有一次孩子委屈地说："我就是不会啊！"维尼老师说，孩子说得有道理啊。无论是因为什么，她就是不会，这是事实。可能她的基础和悟性就是如此，可能这部分知识确实难以理解和掌握，可能我讲得也有问题——所以，孩子应该听不懂，应该做错，这是事实。我改变了认知，接纳了孩子，辅导孩子时就淡定多了。

2. 习惯为什么总是改不了？

※一位妈妈：女儿做代数式运算时经常忘记加括号，我提醒了好几次她还是会忘记，真气人！

维尼：加括号是一种习惯。习惯的改变需要一个过程，有个常见的说法，二十一天的重复练习才能改变习惯。而有些习惯则需要大量、连续的训练才可以养成。所以，提醒了几次没有效果是正常的。

※一位爸爸：儿子做题不爱钻研，遇到不会的就会放弃，从小学起，我就常常提醒，可他还是没有改变。

维尼：算起来，你是不是一个月才会提醒几次？

爸爸：是的。

维尼：那就对了，有的习惯需要一段时间连续督促、提醒、培养才会改变。钻研的习惯就是如此，偶尔说几次，难以改变。建议你每天和孩子一起做一部分作业，在做题的过程中多鼓励孩子思考、钻研，让他体验到有些题目自己可以钻研出来，慢慢可能就会好得多。

这位爸爸坚持了几个月，后来告诉我，孩子逐渐养成了钻研的习惯。

很多习惯，比如审题仔细、书写认真、验算清楚，都是需要培养的，但是往往需要一个长期的提醒、督促的过程。孩子暂时做不到其实是正常的，需要先接纳。

3. 孩子效率为什么不高？

一位爸爸：孩子写作业平常还不错，她数学相对弱些，所以有时我和她一起讨论数学作业。一次有道数学题比较复杂，她就有些烦躁，坐在那里不想继续写了。时间比较晚了，我急了就冲她发了火。

维尼：可能你太注重效率了，所以看到孩子这样就生气了。其实孩子的表现很正常，谁都有情绪不好、不想做的时候，有些磨蹭也正常。

爸爸：我的确有"追求效率"的情结，对于效率不高的事情容易着急，您这样一说我发现确实如此。

维尼：孩子不可能一直效率高，能 80% 让你满意就不错了。接纳孩子的效率不高，接纳浪费时间的情形，心静下来，再慢慢想办法改进。

手机和游戏，你管对了吗

说到学习，手机和游戏的管理是一个绕不开的话题。如果孩子把时间花在手机和游戏上面，学习的时间自然就减少了。

不过，手机和游戏本身并不是洪水猛兽。手机目前是孩子和同学交际、联系的工具，可以查资料，看一些文章、新闻，也是娱乐、放松的工具，如果适当使用也有益处。游戏相对来说容易上瘾，会花费大量时间和精力，但是有时也是同学之间交流的一个话题，孩子如果完全不懂可能感觉融不到圈子里去。另外，玩游戏对提升智力还是有一些帮助的。

手机和游戏的诱惑力比较大，靠孩子自己控制是很难的。想想我们自己，有多少人能抵御手机的诱惑呢？

如果想管理好手机和游戏，首先，可以让孩子体验到他自己无法抵御手机、游戏的诱惑，需要父母的帮助。如果孩子说自己可以管理好，那么可以让他先试试。如果确实难以管好，再和他商量手机使用、玩游戏时间的规则，比如周一到周五使用手机、玩游戏多长时间，周末多长时间，或者写作业期间把手机放到客厅等。但是，这些都需要有良好的亲子关系，才能执行下去。

此外，规则的执行需要有弹性。孩子有时想多玩一会儿也是正常的，不要严词拒绝，可以适当延长。比如玩游戏到了规定的时间，如果一局没有结束，可以玩到结束；孩子实在还想再玩，那么再玩一局也是可以的。手机也是如此，说好看几分钟，到了时间孩子还没看完内容，那么再看一会儿也是可以的，多次延长也无不可。这样做有助于建立亲子关系，同时也不断重申了玩手机、游戏是需要有节制的。太过坚决地执行规则，就容易引起冲突，孩子最终可能拒绝执行规则。

妈妈：和孩子约定了玩手机的时间，到时间停不下来怎么办？总说马上、马上，但还是不停。我有时气得把手机夺下来，她也很生气，我们就会吵起来。

维尼：孩子可能想看的东西没看完，和同学没聊完天，或者又发现了什么新的、有趣的内容，所以即使她说马上停但做不到，也是可以理解的。这种现象很普遍。据我了解很多孩子都是这样的。你自己看手机，没看完内容或者事情没忙完，让你停能马上停下来吗？

理解了孩子，心情就会平静，耐心地、笑眯眯地等待，孩子说四五次"马上"，差不多就能停了，其实往往也没延长多少时间。如果还是没停，父母的态度稍微强硬一下，孩子也没什么脾气。

第三节　怎样帮助孩子缓解压力

　　到了中学，学习任务重，孩子的心理压力也大。这种压力来自老师、父母和孩子自身。

　　我曾经参加过初二地理、生物会考前的动员会，学校领导说："现在家长焦虑、孩子焦虑，老师也焦虑。"现在中学老师的压力也是很大的，教学任务繁重，班级成绩不好会受到来自学校和家长的压力，这种压力很容易就会传导给孩子。另外，有些老师的教育方式不大合理，也会给孩子带来负面影响。

　　一名初一男生有些好动、爱说话，不巧遇到了严格、苛刻的班主任。有一次被老师批评了一句，他没过脑子地回了一句，结果老师大做文章，孩子特别窝火，好几天写作业脾气都很大。之后他上课经常被批评，即使有进步也得不到表扬，最后他在家里脾气越来越大，越来越逆反，还对妈妈说："我就是要惹你生气。"

　　如果对孩子的成绩太执着，那么父母的压力也会大，容易焦虑、冲孩子发火，把压力传递给孩子。

　　受到老师和父母的影响，或者接受太多励志思想，孩子对成绩可能也很执着，压力自然也大。

　　我儿子现在上初二，我常和他说考不好没关系，上不了重点高中也没关系，可以上普通高中，再不行上国际高中，可是他就是一根筋想上重点高中，所以每次考试都怕考不好，焦虑、慌张。

　　适当的压力有助于激发孩子的潜力，但是压力大了会有诸多负面影响，孩子容易烦躁、发脾气，影响学习效率；考试紧张、焦虑，影响发挥；还可能厌学，甚至出现各种心理问题，严重的甚至会患上抑郁症。

　　一个女孩对自己的要求很高，初三开学第一次月考，成绩还可以，状态也不错，有信心。妈妈一直给她励志：最后一年拼搏一下才会有好的人生，拼搏这一年相当于半条腿迈进好大学了，我们的目标是重点中学。孩子拼命地学，第二个月成绩开始下降，但还有自信，跟妈妈说第三个月看她的。妈妈此时还没有太焦虑，但是孩子压力比较大，情绪越来越不好，成绩不断下降，状态也越来越差，上课经常打瞌睡，很多课都听不懂了。

　　后来和女孩聊了才知道，第二次考试时她就很紧张，手心出汗，她说："我太着急了，我太想考好了，可还是一次次搞砸了。"

　　压力那么大，她好像也变得笨了。老师反映她学习效率很低，不交流，只是低头写作业，思维很慢，爱钻牛角尖。

　　后来她期末考试成绩大幅度下滑，公布成绩的时候她很悲伤。放假了，本来应该放松一下，她却把自己锁在教室里写作业，不肯回家。老师劝她回家，她还生气。那些天她慌张、烦躁，出现了各种各样的问题。

给孩子减压，先从父母做起

父母先放下对成绩的过度执着，降低期望，放低要求，学会努力之后对结果顺其自然，这样压力和焦虑少了，淡定从容多了，孩子的压力自然会少一些。之后，再慢慢给孩子渗透这些认知，孩子的压力就会逐渐减少。

一位妈妈这样说。

我儿子上初三，最近一年一直和维尼老师沟通交流。有一次孩子和维尼老师说以后想考厦门大学，维尼老师说："厦门大学不错，想考也挺好的。不过，考上考不上也没有太大关系，以后一直会有机会的。"我当时疑惑维尼老师为什么这么说？为什么不鼓励孩子呢？后来有一段时间孩子成绩突然下降，他很难过，哭着对我说："妈妈，我现在想学习可是又学不进去，不学习考不上好高中就上不了好大学，以后就没有前途，感觉活着也没有意义了。"我这才明白为什么维尼老师当时没有鼓励孩子一定要考入厦门大学了，这是在给孩子减压啊。所以我安慰孩子说："上不了好高中又怎样呢？上不了好大学又怎样呢？其实差别真的没有那么大。无论你做什么，妈妈都会爱你的。"后来孩子说很感激我说那些话！

有人也许会问，这么说，孩子是不是就不努力啦？其实，每个孩子都是想学好的，如果心态放平和，自然想有好的成绩，想上个更好的学校，至少感觉这样有面子、有成就感。这是人的本性。减少了压力，消除了干扰和内耗，孩子才能更好地去学习。

学会合理地比较

为什么孩子讨厌父母拿自己和别的孩子比较？这是因为父母常常拿孩子的短处和其他孩子的长处比，这自然让孩子反感，压力也会增加。如果父母考虑孩子的感受，拿孩子的长处和其他孩子的短处比，那么会减少压力，帮助孩子树立自信心。

一位妈妈这样说。

女儿比较敏感，压力常常很大，谈起班上的学霸，会说虽然学霸学习很好，但在某方面还不如她呢。以前觉得她不上进，看不到别人的优点，会教训她。看了维尼老师的观点才知道这是她减压的方式。学习压力那么大，她能够坚持下去才是最重要的。

未来的竞争是综合素质的竞争，性格、心理、为人处世、健康等各个方面都很重要。学习在当下看起来很重要，但放眼一生只是综合素质的一部分而已，并不那么重要。所以，与孩子谈起学习更好的同学，可以比较学习之外的东西，比如性格、品质、身心健康、交际能力、体育、音乐、容貌、身材……总可以找到孩子突出的方面，发现更多的优点，那么孩子的压力自然减轻，也会自信一些。

老师常常在微信群发布各种成绩，如果总和成绩好的同学比较，那么父母和孩子的压力都会不小。不妨找一个水平差不多的同学相比较，那么就容易看到孩子的优势学科和进步了。

父母也不要总拿自己以前的良好表现和孩子比。人和人不同，时代不同，有些事情不具备可比性。比如父母以前面临的诱惑少，而现在手机、游戏、动漫都会吸引着孩子，所以学习的自觉性就不好比较了。

一名初三女生很在意学习成绩，总是担心考不好。而她妈妈总说自己当年如何优秀，结果自己生气，孩子压力也大。在我这里咨询之后，妈妈会更多地在女儿面前呈现一些自己当年不足甚至落后的方面，比如自己当年物理不及格，而且也是逆反的，现在不也很好吗？这样就减轻了孩子的压力。

放过自己，也放过孩子。

多顺应，少强迫

孩子的压力已经比较大了，如果还去强迫，那么孩子就容易烦躁、抓狂。此时，最好降低要求，多顺应，帮助孩子保持一个不错的心情，有助于应对压力。

特别是临近中考、高考，有时孩子压力很大，一时难以调节，家长只能多多顺应。

女儿到了高三成了一名艺术生，开始一直集中精力学习专业课。专业课考完之后已是三月下旬，距离高考只有两个多月了，我给孩子报名去了一个文化课考前培训班，老师讲得非常好，深入浅出，孩子也愿意听。但是这个阶段来自学校、老师还有孩子自身的压力都太大了。五一过后女儿就有些学不下去了。我知道她压力太大，就尽量帮她放松。有点儿时间就领她散步、出去吃饭，还有针对性地上一些一对一的课。女儿的数学从上了高中就不入门，一直不开窍，找了好几个家教都不行，最后这个补课班的数学老师终于让她听懂了，她还喜欢上了数学。后来就单独找这位老师，只要老师有空就给她补数学，她的成绩终于上来了。但最后阶段，孩子的压力特别大，经常到老师家楼下了，却说不想上课了，我那时都急得头上冒烟了，却只能顺应孩子，不去勉强她。孩子压力太大，再去逼她，她会崩溃的。我跟女儿说你什么时候想上再上吧，我跟老师道歉、解释，后来我跟女儿开玩笑说那时候我总跟老师道歉，脸皮都厚得跟一堵墙似的了。

这段时间家长肯定内心焦虑，着急，但一定要尽力克制自己，想开一些，所谓尽人事，听天命，尽量顺应孩子，不能因为着急就强迫孩子，把焦虑传递给孩子，否则很容易适得其反。

认知变了，心态就好了

面对同样的事情，比如成绩下降，有的人压力很大，有的人却没有压力，为什么会这样？往往是因为各人对事情的认知不同。正如认知疗法所讲，直接决定我们情绪和行为的不是事情本身，而是对事情的认知（关于认知疗法的详细内容请参考笔者的《顺应心理，孩子更合作》）。所以，改变了认知也就改变了情绪，减少了压力。

如果觉得一定要考上好高中、好大学，那样未来才会成功、幸福，否则就会失败或者艰辛，有这样的认知，压力必然很大。如果转换认知，认识到学校之间虽然有差别，但是差别并没有想象中的那么大。无论上什么学校，只要孩子努力，就一直有机会，那么压力自然会减少。

另外，我提出的三种思维是一种调整心态、减少压力的好方法。这三种思维是，坏事变好事，很正常、没什么，顺其自然。遇到不顺利或挫折，先看看通过努力，坏事能不能变成好事，或者坏事本身是否存在好的方面；然后看看我们是否夸大了负面的影响，事情也许本来很正常，没什么的；如果负面影响还是比较大，那么在努力改进之后，接纳现实，对结果顺其自然（详细内容请参考笔者的《内心的重建》）。对于孩子不理想的考试成绩，如果用三种思维来重新看待，就不那么容易焦虑了。如果孩子也能学会三种思维，就会更好地面对挫折。

一位妈妈这样说。

初三春节前，孩子的期末考试成绩前所未有地差，简直给了我

当头一棒。责怪孩子吗？孩子其实也是想学好的，她前两天没敢说自己的成绩，说明她也是在意的，现在压力也大，所以她需要的是接纳和鼓励。那么我自己首先要调节好情绪。我尝试用维尼老师的三种思维来分析这件事。

第一，坏事变好事。现在出问题总比中考出问题好，早些暴露出问题，早些查找原因去调整，也是一件好事。

第二，很正常，没什么。考试成绩出现波动很正常，也没什么了不起的，不能证明什么，还有时间，重新再来！

第三，顺其自然。成绩已经成为过去。我们还要着眼未来。即使是中考也是如此，考上重点高中固然不错，考不上也不见得是坏事，差别没有那么大，以后的路还很宽广，顺其自然。

认知改变了，我的焦虑也就慢慢平息了。所以，能够温和地和孩子交流，和她一起查找问题，鼓励她，帮助她减压，很快孩子振奋起来，投入紧张的学习之中。

另一位妈妈这样说。

回想起去年中考前的痛苦，简直恍若隔世。我当时非常执着、不顾一切地要孩子考上长沙一中，非"四大名校"不进。但是，谁能保证一定就能考上呢，发挥稍不理想，差了十分就没有希望了。那时我陷入担心和害怕的泥潭里，给孩子带来了很大的压力，导致他的状态也不好，常常烦躁、发脾气。后来，我学习了维尼老师的理念。老师说放下对成绩的过度执着，不同的学校之间差别也没有看起来那么大，所以，其实是可以努力之后对结果顺其自然的。想想确实是这么一回事，我压力这么大，不但对目标实现没有帮助，还会制造障碍。

我必须首先调整好自己的心态，我觉得老师的三种思维非常有用，就打印下来贴在家里各个角落，随时提醒自己。那个时候背维尼老师的理念成了我生活的一部分，"很正常，没什么"这六字箴言我当时就是天天当经念啊，是我的救命稻草，只要我的内心有任何不淡定我都马上念它，还真是像灵丹妙药一般管用。我的心态越来越平和，慢慢就影响到儿子，他也逐渐平静下来，最后发挥正常，如愿考入理想的高中。

有些压力是由不合理的认知造成的。

曾经有一名高三男生向我咨询，他的压力很大，原因之一就是怕成绩不好同学会幸灾乐祸或者嘲笑自己，怕亲戚会议论自己、丢人。孩子的担忧自然有一定的道理，这些情况也不能说完全没有。但是真实的情况是什么呢？大部分同学是不会太关注他的，即使有几个人幸灾乐祸或者嘲笑，也只是一两天而已。我问他，如果你看到同学成绩差了，你会一直关注吗？他想了想，说自己不会一直关注，看来同学们也没闲工夫整天议论别人成绩下降的事情。所以，其实不用太在意。

那么亲戚会不会常常议论自己呢？也许会比同学多关注一些，关注得久些，但是也不会一直关注，很多亲戚也是明白事理的，不会过多议论。如果亲戚问起成绩，那么父母可以出面说一句还可以，应付过去，亲戚也就懂了，以后也就不再多问了。

一名女生回忆起中学的事情："因为过节很多亲戚会来问我成绩，如果考差了我就难以应对。所以每次节前的期末考试我都会压力很大，结果考试时很紧张，考得也差。现在想想，如果父母当时替我出面应付下，含糊地说句还可以，或者暗示亲戚不要问我成绩，那么就会好得多。可是父母不理解我的感受，还说亲戚问问我又怎样呢。"

与老师做好沟通

很多老师高标准、严要求，给了孩子很大的压力。此时就需要父母及时和老师沟通，建议老师根据孩子的情况适当放松，多鼓励，少批评。

有一名初中女生本来成绩不错，老师对她期望很高。但是由于各种情况，她成绩不断下降，老师很着急，总是批评她，期望借此能够让她成绩提高，但是越是这样孩子压力越大，越是不想学习。后来我建议妈妈和老师沟通，表明自己重视孩子的教育，也在努力改变现状，但是对孩子升入什么样的高中没有太高的要求，努力之后对结果顺其自然，所以请老师暂时放低要求，如果可能的话多鼓励一下孩子。老师还是通情达理的，明白了家长的意思，后来老师的教育方式有所调整，孩子就感觉好多了。

关于考试的心理调节

孩子的考试成绩如何，一方面与平常的学习有关，另一方面取决于临场的发挥。考试前适度的紧张是正常的，但是考试之中过度紧张、慌乱会给成绩带来负面的影响。所以，应对考试的心理调节是重要的。

1. 放下对目标的过度执着

如果孩子过于执着，一定要考上什么样的学校，但是又没有那么大的把握，那么，考试之前就会焦虑，考试过程中出现的意外状况也容易导致孩子紧张慌乱，这样自然不利于考试的发挥。

所以，可以追求心中的理想或者目标，但是对结果可以顺其自然，因为不同结果的差别没有看起来那么大。这样心态平稳些，更容易发挥水平，有利于实现目标。

2. 考试之前的心理调节

希望考试有个好成绩是正常的，但是学习的效果未必那么好，考试成绩也总是有波动的，谁也没有能力保证会考得如何。孩子都是想考好的，所以，考试之前父母更需要给孩子减压而不是要求孩子一定要考好。

如果父母能够学会用三种思维来看待孩子的成绩，那么言谈举止之中都会给孩子传递放松的心态。另外，如果父母一直能够坦然接纳孩子的任何成绩，孩子至少不用担心考不好会被批评、训斥，紧张、焦虑也会少一些。

平常也可以经常向孩子灌输"努力之后对结果顺其自然"的思想，告诉孩子尽力就可以了。

参加重大考试时，父母一起前往也是必要的。一门考试之后，父母可以及时帮助孩子调整心态。

另外，对考试中出现的各种状况父母最好做好心理准备。比如，六七门考试中有两三门不太理想是正常的；其中有一两门不理想甚至有些糟糕也是正常的；某些科目可能比平常考试难，有些题型没有见过，有些题目没有复习好，这些都是正常的，同等水平的同学们也都会遇到同样的情况。有了心理准备，遇到各种状况就不那么慌张了。这就是"不打无准备之仗"。

3. 考试过程中的心理调节

在考试过程中，遇到不顺利，可以用合理的认知应对。

（1）感觉某一科目难，不好做。

如果遇到某一科目考试比以前难，可以告诉自己：我觉得难，别人可能也觉得难。考试不是看自己能得多少分，而是比较同学之间的分数差异。所以，自己分数不高，别人可能也不高，这就没有关系。

（2）某一科目发挥不理想。

有时某一科目考试发挥不佳，可能比同学落后，此时可以告诉自己：我这一科目发挥不理想，别人可能在另外一科目中发挥不好。这是普遍的规律，很少有同学所有科目都发挥得非常好。这样心理就会平衡些。

（3）遇到不会做的题目。

遇到不会做的题目，此时可以告诉自己：我不会，别人也不见得会做，先做其他的，有时间回头再研究。这样就不会一边崩溃，一边纠缠于这一道题目了。

（4）随时是 0 ∶ 0。

运动员在比赛中有一个调整心态的方法：现在是 0 ∶ 0，不管领先还是落后，现在就是 0 ∶ 0。这样就不会因领先而过于兴奋，也不会因落后而焦虑，从而心情平静地比赛了。考试也是如此，几门课程，好多题目做下来，有的发挥得好，有的发挥得不好，但是在做每一张试卷、每一道题的时候，都要告诉自己，现在是 0 ∶ 0。这样会减少因为发挥的波动而引起的紧张焦虑。

一名初三学生学习很不错，不过他的数学相对较弱，数学一模考试之前手紧张得发抖。考完后，他给妈妈打了电话号啕大哭，说整张卷空了一半，大题一道都不会做，当时在考场上就紧张得喘不过气来，考完后又听同学说这次数学真是太简单了，于是他整个人完全崩溃了。他说："妈妈，我觉得自己怎么就那么笨！数学真的彻底把我打败了。我再也不想学它了！我受不了了！我需要看心理医生。"

后来他找到我做咨询，我和孩子交流了几次，我给了他一些建议。一是放低对数学成绩的要求。以前老师总鼓励他说要考一百一十分，但是他并没有这个实力，目标太高的话，如果有几道题卡住了就会很紧张。对他来说，数学只要能够达到八十分，就能考上理想的高中。所以我建议可以把数学成绩的目标定在八十分。这样，即使感觉题目困难，有一些不会做，但因为预留了足够的缓冲空间，也就不会那么紧张、恐惧了。

二是对各种意外状况做好心理准备。比如考点可能不同，难度不同，题目顺序可能不同，有准备了，出现意外状况就不会慌张。

三是平常多做数学模拟题，见识了不同类型的题目，水平提高了，底气就足些，相对就会镇定一些。

此外，还有心态调节的方法。比如遇到不会的题目时可以告诉自己：我不会的别人可能也不会；我觉得难可能别人也觉得难；我这道题不会，别人可能其他题目不会。我这门课考试不理想，别人可能其他科目不理想。这样就会淡定一些。我还和他探讨了一些时间分配的方法以及做题的策略，并建议他通过多次模拟训练把这些方法内化为习惯性思维。

经过多次交流，他淡定多了。最后中考成绩超过了省重点高中录取线，圆满完成了既定的目标。妈妈说："这次考试，数学特别难。后面有三道大题超纲，他没做出来，但前面会做的全做了。更关键的是考完数学出来后，他比较淡定，完全没影响后面的英语和文综考试。而班上有一位男生，平时水平和他不相上下，这次考试成绩离重点线差了十几分，就是因为数学考完后崩溃了，严重影响了后面三门的发挥。其实这名男生的数学也考了八十几分，和我儿子差不多，但是由于心态失常，之后的几门考试大失水准。"

第五章

青春期，学会理解很重要

————————

　　孩子到了青春期，父母学会理解孩子很重要。

　　第一，父母理解孩子，改变自己对问题的认知，有助于减少火气、焦虑和烦躁，保持平静，静能生慧。父母说话办事更理性，有助于建立良好的亲子关系。第二，理解是父母与孩子沟通的前提。试想，如果不理解孩子的所思所想、所作所为，怎么和孩子沟通呢？第三，只有理解了孩子，找到了其表现和问题的原因，才能找到办法合理地应对。

　　如果父母能够理解孩子，孩子耳濡目染也就学会了理解他人，这就是人们常说的善解人意，对于处理人际关系很有帮助。

第一节　孩子的问题可能很正常，没什么

　　父母会对孩子不满甚至发火，常常是因为觉得孩子的表现不正常，是问题、错误，甚至是严重错误，这样自然就会着急、生气了。但是，如果能理解孩子，会发现有些问题其实是很正常的，也没什

么大不了的，无须着急上火。

孩子的一些表现很正常

父母对孩子使用手机应该设置一定的规则，比如平常不玩手机。但是孩子有时也难免会用到手机，比如问同学作业，有时上网查询做题方法，偶尔想起什么事情想搜索一下，有时也会顺便和同学聊天……这些其实都是正常的要求，也算是小小的放松，学习生活那么紧张，也要让孩子喘口气啊。

有时孩子上学会忘记带东西，偶尔如此也是正常的。因为上学需要带的东西很多，绝大多数时间能够带全了，已是很不容易的了。所以，孩子偶尔忘记带不必抱怨他丢三落四，换了我们可能还不如孩子呢。而且如果凡事太过仔细，孩子还会有患上强迫症的风险。

一位妈妈问："我和孩子说的话，当时他答应了、听懂了，后来为什么又都忘记了呢？"其实这是正常的，因为孩子有某种习惯或习惯性思维，虽然当时答应了、听懂了，但是习惯和习惯性思维不会马上改变，所以，不能马上落实是正常的。

孩子有时压力太大，所以一点儿小事就会引得他发脾气。这是不由自主的，也是正常的。理解了这一点，父母才能好好和孩子沟通，想办法帮他减轻压力。

对孩子的自觉性不要有太高的要求

很多父母总觉得孩子应该自觉，总希望孩子能够自觉起床，自觉完成作业，自觉控制好玩手机、游戏的时间，自觉利用好时间……这样理想的孩子有没有？有，在我这里咨询的一名初三的女生从小就非常自觉，基本能做到上述这些。但是能如此自觉的孩子还是比较少见的，大部分都没有那么自觉，或者难以做到自觉，这属于人之常情。

1. 不要期望孩子能够自己管理好手机

有些父母认为孩子应该能够自己管理好手机，但真能做到吗？我做过中学生手机使用情况调查，其中在家使用手机很自觉的不到3%，比较自觉的占11%，使用手机时间较长、但是不过分的占34%，有52%的学生使用手机很不自觉。

从调查结果来看，能够做到很自觉或较自觉的不到1/7。手机的诱惑力还是很大的，很多成人都难以自控，何况孩子呢？所以，孩子不那么自觉是正常的，不需要责怪太多。理解了之后心就会静下来，父母帮助管理手机也更容易得到孩子的合作。

2. 不要期望孩子在家能专心地学习

孩子在家诱惑比较多，氛围没有学校好，所以，一般来说不如在学校里表现好。我曾经做过一个调查，在家里学习比较专心、效率尚可的孩子占40%，不大专心，有些磨蹭甚至很磨蹭的占60%。我与几位家长聊过，孩子在学校学习都不错，回家之后就不那么专心，变得磨蹭了。比如，父母在客厅聊个什么事情，孩子听到了可能会跑出来好奇地打听；有时父母在自己房间看电视，孩子会跟着看上几分钟；有时孩子正写着作业，突然想起一件事情来，会用手机查一查……这些都是正常的，孩子也需要适当放松一下。

孩子不想起床怎么办

有些父母总认为孩子应该自己起床。但我做过一个调查，能自己起床（或借助闹铃）的孩子占 28%，而 58% 的孩子叫了两三次之后才能起床甚至还不想起床。孩子到了中学，睡眠往往严重不足，所以，早上不想起床其实是正常的。同样地，平常睡不够，周末想睡懒觉补一下也是可以理解的。

理解了孩子，父母心情就会平静，心怀怜惜地多叫孩子几次，让孩子慢慢醒来，也能按时起床。

一名女生上初一，早上和同学相约坐车去学校，却总是迟到，尤其是到了冬天。她妈妈生气地说："想想我上初中的时候，早上不用叫就起来了。她怎么这么没有自觉性？我叫第一遍时还能忍住，如果叫第二遍还不起来，我火气就上来了，要去吵她，甚至想揍她一顿。"

其实现在上初中的孩子比以前要辛苦得多。父母那个时代 10 点之前就睡觉了，而现在的孩子半夜 12 点睡觉很常见，睡眠严重不足。而且冬天房间里冷，贪恋暖和被窝，不想起来也是正常的。

理解了，就容易接纳，心静下来再去想办法。房间冷，可以提前把空调打开，让房间热乎乎的，感觉暖和，就相对愿意起床。可以尝试让孩子定闹钟自己起床，如果还是不行，可以多叫孩子几次。比如 6 点 30 分叫一次，让孩子醒过来，让他再睡个回笼觉；6 点 40 分拉开窗帘，光线亮些更容易醒，此时再叫一次，同时温和地告诉孩子可以再睡个回笼觉；最后 6 点 45 分再叫一次，此时孩子基本醒了，睡了几次回笼觉也会感觉舒服，起床就容易多了。

孩子早上的胃口往往不好，宁肯不吃也要多睡五分钟。如果妈妈对早餐营养太执着，一定要吃好早饭，就会着急地催孩子，容易发生不愉快。

妈妈：最近女儿食欲不佳，我觉得早上营养要跟上。结果孩子不想起床，我就着急了，和她吼叫了半天，不吃早餐怎么能行呢？

维尼：既然孩子的特点就是如此，不妨学着灵活变通一些。起来后简单喝点儿稀饭或牛奶，吃个鸡蛋，这样早餐五六分钟就够了。还可以给孩子带上小点心，乘车时或课间吃，这样营养也差不多。如果冲孩子吼叫，那么孩子心情不好，烦躁、上火，不也容易导致溃疡，影响身体健康吗？

妈妈听了恍然大悟，想想的确如此。

孩子为什么会锁门

到了青春期，有些孩子不知从哪一天起会反锁房门，不让父母进入了。因为父母难免会关注、提醒、督促，孩子可能感觉烦躁、被打扰，所以索性锁上门借此获得一个独立、清静、自由、私密的空间。如果家庭教育问题比较大，就更会锁上房门，拒绝父母的烦扰。当然，有的孩子不想写作业，迷恋玩手机、游戏，也会锁上房门。

孩子反锁房门，如果父母强行开门，会发生冲突。而用家长权威禁止孩子锁门，也常常是无效的。所以，保持良好的亲子关系就更显重要了。亲子关系好了，父母与孩子可以协商把手机放到客厅，在房间外给孩子一些指导，提一些要求，孩子也会听。另外，父母在给予适当的帮助之后，本来就是要多放手让孩子自己学习的，所以影响也不大。关系不好的话，就会比较麻烦，而父母面对这些麻烦也是无可奈何的。

一些事情真有那么严重吗

父母为什么容易焦虑、上火，往往是因为上纲上线，夸大了事情的影响。有一名初二男生的父母在我这里咨询。妈妈以前对孩子苛刻，爸爸在孩子面前有意保持威严，因此亲子关系不大好。孩子也有些叛逆，经常发脾气。咨询之后，父母改变了教育方式，更多地理解和顺应孩子，亲子关系有了不小的改善。

孩子慢慢地喜欢爸爸妈妈了，有时会像个小孩子一样撒娇。最近这段时间，晚上睡觉之前还要和爸爸妈妈拥抱一下。孩子晚上怕黑，会让爸爸陪着睡觉。妈妈担忧孩子是不是有同性恋的倾向，其实妈妈放大了事情的影响，其实孩子一直在追求一位女同学。孩子的表现是因为和父母的关系亲密了，也有弥补以前因为不亲密而造成缺憾的心理需求，其实是正常的。

有一次孩子让爸爸在网上买了一双名牌运动鞋，到货之后他觉得不满意，所以让爸爸退货。孩子晚上放学回来却改变了主意，得知爸爸已退货之后大发脾气。妈妈很焦虑，觉得孩子这样会不会成为白眼狼？以后什么东西想要就一定要得到怎么办？你看，妈妈又上纲上线了。孩子可能是因为在学校改变了主意，本来想着第二天穿着去学校，看到爸爸退货了，虽然是他自己提议的，但还是感觉不好，再加上有其他的事情影响，所以就发脾气了，这是可以理解的。亲子关系好了，孩子也会逐渐体谅和理解父母，一般不会成为白眼狼。

以前妈妈会把很多问题看得过于严重，所以才会苛刻地要求孩子，生怕出什么问题，造成严重的后果或对未来有影响，所以不愿意去顺应孩子，不懂得灵活变通、有弹性，所以，才会造成孩子的逆反和亲子关系的僵局。

一名初三女生假期玩手机时间较长，跟妈妈约定晚上 10 点 30 分后手机交给妈妈保管。但是孩子经常不断延长玩手机的时间，有一次妈妈半夜醒来，发现手机不见了，后来孩子又悄悄送了回来。

妈妈问我是不是该惩罚孩子了。

维尼：孩子不断延长手机使用时间其实是正常的。至于把手机偷偷拿走，其实也可以理解，可能突然很想看什么东西。我们如果手机不在身边，也会觉得不安心。

妈妈：遇到这样的事情，我以前会很焦虑，心想这样发展下去，高中怎么办？以后怎么办？假设我不去惩罚孩子，孩子玩得越来越久怎么办？

维尼：到了青春期，亲子关系更重要。关系好了，孩子才会听你的。关系不好，你拿她一点儿办法也没有，那才糟糕呢。

妈妈：想想也是这样的，有时和颜悦色地和她说，孩子也听，会很快不用手机了；生气地说她，反而不听，为此争吵一顿，很不值得。

一名初三男生说想吃一家店的美食，那家店路比较窄，所以妈妈就没开车，骑了电动车过去，买了之后，顺便等孩子放学接孩子回家（离家很近）。等了半个多小时，孩子放学出来，给妈妈打电话，听说妈妈只骑了电动车。正好有一位同学顺路可以捎他回家，就告诉妈妈他搭同学车回家了。妈妈很委屈，觉得自己等了孩子半小时，结果孩子还跟着同学回去了，所以回家后质问孩子为什么不考虑妈妈的感受。孩子也有些委屈，说没想那么多，就是觉得坐电动车有些冷，而且他胖，坐着不太舒服，才跟同学走的，没想到大人想得这么多。孩子这么做自然考虑不周，不过他毕竟还是一个孩子，这也正常。

孩子这样是爱慕虚荣吗

一名初中男生因为情绪问题向我咨询。他家庭条件一般（不贫穷）。妈妈以前总告诉他要艰苦朴素，所以在穿着方面从来不给他买名牌，怕他爱慕虚荣。其实越是这样，孩子越是在意家庭条件，还因此有些自卑，很想要几件名牌衣服。

开始时爸爸对孩子说，等以后你赚到钱了，自己想买什么就买什么，现在爸妈都是工薪阶层，满足不了你。孩子说哪怕一件也好啊，可爸爸不想让他有虚荣心，就一直没有答应。

我建议可以答应孩子买一两件名牌，这是正常的需求，不算什么虚荣。五一假期，孩子提出买衣服，爸爸就答应了。孩子很开心，到网店一看，原来名牌服装也不怎么贵啊，与他的衣服价格差不多，以前他不想穿的那些衣服，现在觉得也可以穿出来啦。

后来，孩子又提出一些要求，比如，想要一个新包，其实要求也算正常，一两百元的事情，满足了也没什么关系。孩子和同学出去玩，有点儿想显摆，带了妈妈的一部手机，又想要带着爸爸的一部手机去玩游戏。他想撑撑面子，也可以理解，爸爸就答应了。

孩子以前出现严重的情绪问题，与太过压抑有关系。父母现在学会理解孩子，适当满足孩子的要求，顺应孩子，孩子的情绪自然逐渐稳定了。

想穿名牌，是不少青春期孩子的需求。特别是名牌鞋，因为在校期间一直穿校服，鞋就成为孩子展示美、彰显个性的重要途径。这可以理解，如果家庭条件允许可以适当满足。

对孩子的自理能力不必太执着

很多父母从小就在意孩子的生活习惯、自理能力的培养，到了青春期还是很执着。这自然有一定的道理，但是此时学习压力大，孩子也容易烦躁，如果太勉强就容易发生争吵、冲突，影响亲子关系。

有的孩子不太愿意收拾房间，父母说了很多次也没什么效果。与其不停唠叨，不如随他去吧，乱就乱吧，也没什么大不了的，看不过去，帮孩子收拾一下。大部分孩子长大了，自然会注意收拾的。

有的孩子不愿意经常洗澡、洗脸，父母可以督促一下，但孩子可能还是不大积极。这也不必太勉强，卫生是孩子自己的事情，再说其实可能也不脏。孩子大了，情窦初开，自然会爱美，到时候父母可能还会嫌孩子讲究过度呢。

我曾经做过调查，孩子在幼儿时期最爱干家务，小学之后对做家务的兴趣逐渐减少；到了青春期，大部分不爱干家务。这本身是正常的。能引导孩子做家务自然不错，如果孩子不愿意也就算了。

大部分孩子长大了，干家务也没什么问题。

一位高二女生的妈妈这样说。

让孩子刷碗，刷了两下就放在那里啦。开始我有点儿气，不过想想自己，像孩子这么大的时候，爸爸让我拖地，我也是只拖那些看得到的地方，不那么尽心尽力。这么看孩子的表现也正常，所以我也就释然了。

一名初二男生的游戏账号有问题，打客服电话没有解决，就要求妈妈帮忙。妈妈认为孩子应该自己解决问题，拒绝帮忙，孩子大发脾气。其实孩子才上初二，有些为难或者不大懂得如何去沟通，想寻求帮助也是正常的。

中学生压力大，父母可以在某些方面暂时放下要求，让孩子轻松自在一些，这样有助于度过这段有些辛苦的时期。

说脏话，其实没那么可怕

说脏话不太文明，但如果说得不多也正常，只要注意场合，注意分寸、频次就可以。过于纠结，反而会强化这种行为；学会淡化，孩子说脏话的频次可能会自然减少或消失。

儿子玩游戏跟同伴交流时总会夹带脏话，或者有情绪时也会爆粗口，我认为这是没有教养的表现，生怕儿子会在大庭广众之下脏话连篇，那就太没面子了，所以我总是纠结于这个问题，抓狂过、指责过、郁闷过。结果我越关注，孩子说得越多，这也成了我的心病。

咨询了维尼老师，老师的观点让我若有所悟："网友之间说点儿脏话可能会拉近距离，这是他们说脏话的原因。所以只要不过分，有时说几句也没什么了不起的！"想想也是，说两句脏话没必要上纲上线。

奇怪的是，自从我不大关注之后，儿子好像脏话说的也少了。即使玩游戏时说几句，我也感觉不那么刺耳了。

第二节　孩子的问题是有原因的

孩子的有些表现让父母不满意，但如果能理解孩子，可能会发现这些表现背后是有原因的。所以，不必生气。

要看到孩子行为背后的原因

存在就是合理的，不是说存在的事情就是正确的，而是说存在的事情是有原因的。我们探寻孩子行为背后的原因，也就容易理解孩子了。

※ 我和孩子约定好学习时不玩手机，但是有一次看到她用了好几次手机，我心里有些不悦。后来问了一下，才知道她是和同学商量第二天去商场玩的事情。这是可以理解的，同学来了信息，不回也不好。不过，以后学习时把手机放在客厅里更好。

※ 维尼老师，我按照您说的要先理解孩子，在此基础上再和他沟通，还是有收获的。昨晚他看完电影9点了，我就打电话给他，听他语气很烦躁，想来也是有原因的，所以我没说什么就挂了。今天孩子主动打电话给我，解释昨天脾气不好的原因。原来是因为之前爸爸和姑妈连打几个电话给他，我也跟着打，他就烦了。这样就

可以理解了。

我曾经和一名初三女生深入聊过，发现她妈妈在很多事情上不理解她。

妈妈：之前和女儿约定手机晚上放在客厅，她不愿意，之后一段时间她视力下降得厉害，我们担心是她玩手机时间太长了。

女生：他们总认为我写作业的时候在玩手机，晚上睡觉的时候也在玩。其实我并没有这样。手机只是我用来偶尔放松、安抚自己的工具。我的手机里没有游戏。心情不好的时候会用它听听歌，和闺密说说话，她们会帮我分析一下，我不喜欢有事憋在心里，和爸妈又说不来。手机在旁边的时候我对它的欲望真不大，不过不在身边的时候就总觉得少了点儿什么，很多人都会这样吧。我喜欢晚上学习，因为安静，然后他们就以为我是玩手机才到那么晚。妈妈总是不能理解我的意思，所以我选择回避，我不喜欢争吵。我情绪不好的时候都尽量躲着她。

我特别怕吵架。但是如果听他们骂我，我会控制不好自己的情绪，就会跟他们吵架。我怕和他们讲话的时候会吵起来，所以才会给他们写字条。

我学了挺长时间的舞蹈，初中想继续学，我妈偏不准。他们可能怕耽误我学习，但是我觉得这是一种放松的方式。现在他们只想让我学习，让我出去运动都只是为了体育考试能得满分。我的报复心挺重的。如果我妈总是管着我，我真的不想学习，不管她为我付出多少。

维尼：妈妈说你没接她电话，是怎么回事？

女生：因为她语气不好，我怕忍不住会对她吼。我想等冷静下来再给她回电话，而且当时闺密在旁边，我觉得挺不好意思的。

维尼：原来是这样啊。

一位爸爸这样说。

晚上一家人散步，看见一个人将摩托车骑得飞快，于是我便和儿子说："其实这种人心里是很苦闷的，只是用这种不恰当的方式来发泄而已。"后来孩子说，其实他内心也是很苦闷的，所以有时才搞些破坏和说脏话。

一位初三男生的妈妈向我咨询。暑假中的一天，本来和孩子说好了中午和朋友一家一起去玩，上午商量怎么去的时候，孩子突然说不去了。妈妈有些生气——孩子怎么说话不算数呢？所以找我商量怎么办。

我详细了解了情况，才知道孩子最近整天在家里玩游戏，所以妈妈经常提各种条件带孩子出去，比如出去散步，如果一直在家待着，就不让孩子叫外卖。孩子不高兴，觉得这是在胁迫他。这次活动，本来孩子也是不大情愿的，后来经不起妈妈的再三劝说、提条件才答应下来的。那天因为游戏到中午不能结束，再加上计划有变，孩子感觉比较麻烦，所以就不想去了。由此可见。孩子说话不算数其实是有原因的。到了这个年龄，孩子不愿意和父母一起出去玩或参加活动，更愿意宅在家里，是很正常的。

孩子为什么不想上学

我曾经做过不少孩子不想上学的咨询。孩子不想上学，看似莫名其妙，但通常都是有原因的。一是孩子自己的原因，有的孩子觉得上学没有用处、没有意思，或者学习压力太大、厌学；有的孩子课听不懂、跟不上；有的孩子性格敏感，上学给他带来太多的纠结、紧张，形成心理问题甚至严重心理问题，比如抑郁、恐惧、焦虑。二是家庭教育有问题，让孩子压力太大，给孩子带来太多痛苦和伤害。三是孩子与同学关系不好，矛盾比较大或者比较孤独、被孤立。四是来自老师的压力太大，或者孩子对老师不满、意见大。所以，父母需要从这四个方面寻找原因去帮助孩子，如果只是逼孩子去上学，往往效果不好。当然，最好以预防为主，及早解决这几个方面可能存在的问题，确保孩子能正常上学。

有的孩子不想上学，是因为压力太大。一名初三女生不想上学了，说上学太累，压力太大，快崩溃了。学校的很多事情让她耿耿于怀，父母和她之间发生的一些事情也让她愤恨不已。后来，父母帮助她宣泄，更多地顺应她。孩子爆发了多次，才慢慢冷静一些。

此时妈妈急于让孩子上学，所以请老师过来看望、劝说她，但是孩子坚决不开房门。妈妈才意识到孩子的心理压力确实大，并不像原来想象的那样简单。

有一名初二男生，不上学有一两周了。到了周末，他会答应父母提出的任何条件，但到了周一，又拒绝上学。刚开始他还找各种理由，比如不喜欢哪位老师，不喜欢同学；后来直接摊牌，说不喜欢上学。爸爸认为孩子欺骗自己，很生气。其实孩子不想上学往往也是不由自主的。虽然答应了父母，但是他无法克服自己的心理障碍，还是不能去上学。

那么，怎么能让孩子重新上学呢？一般来讲，父母要做的就是和孩子好好相处，建立良好的亲子关系，引导孩子慢慢地释放他的痛苦和压力。修复心理创伤，等待孩子各方面恢复正常，这往往需要很长的时间。向我咨询过的不上学的孩子的家长，按照顺应的方法，最后孩子基本都上学去了。但是大部分等待的时间比较长，有的孩子需要半年、一年甚至两年。有专家建议，孩子不上学，就不能让他在家里舒服了，不给好脸色，不给做饭。这种处理方式会破坏亲子关系，最终导致孩子拒绝合作，更加逆反，得不偿失。

一名高三男生不上学了，妈妈向我咨询。后来她这样告诉我。

维尼老师您好！您说的要与孩子搞好关系真的是关键。这大半年我一直善待孩子，尽管他还是没去上学，在家也不愿看书做题，但是我的认知改变了，觉得孩子有自己的难处，试着理解他，没有再逼迫他做自己不愿做的事，基本做到了和颜悦色，孩子性格越来越阳光、幽默，到高考时还顺利参加了考试。那几天他还很放松，分数超过本二线近八十分，大家都很开心。进入大学后，他竟然改掉了"宅"的毛病，变得喜欢与人交流、爱运动了，还加入了学生会，为大家服务。他的兴趣爱好也多了起来，读书、摄影、看电影、养小植物，不再只是玩游戏。真的感谢您。

一名初二女生不上学有一年多了。妈妈这样说。

这一年来我一直努力改善和孩子的关系，现在关系比以前好了很多。出去时，她会牵我的手，一起讨论喜欢的明星，一起追剧，讨论喜欢的男孩子的类型……就这样在家待了一年多，她自己也觉得这样不行了。孩子说，妈妈，我知道这两年您辛苦了，我不想每天这样浑浑噩噩地过，我很想上学。她主动提出不去上初中或普高，让我帮她找一所学校，学她喜欢的美术专业。后来孩子选择了一所艺术职业学校，重新上学了。

孩子为什么发脾气

以下是一位妈妈的分享。

春节一家人回老家，老公带着女儿去走亲戚。晚上我正参加同学聚会，女儿打电话过来，满满的怨气，说她一天不开心。女儿情绪比较激动，不停地唠叨。我尽量保持平静，可放下电话，心里却升起一股浓浓的怒气，心想我辛苦操劳了一年，好不容易放松一下，孩子却冲我发了一堆牢骚，难道不能让我安静地享受片刻的自由吗？我越想越气。晚上回家，正好和女儿因为一件事情起了争执，我就火了，说了打电话的事情，责怪她不懂事。

女儿很委屈地说："我只是心情不好，才找你说说，说完就没事了。没想到在你眼里我是不懂事、自私又不会体谅你们的人。我知道你们挣钱不容易，所以尽量少花钱你们知道吗？考得不好时尽量不跟你们说，怕你们担心你知道吗？我不跟人家攀比买衣服……难道你就是这么看我的吗？"

看到孩子这么伤心，我知道自己说得有问题，没有理解孩子。是啊，孩子不就是心里不痛快，想在我这里找个出口释放一下不良情绪吗？我至于这么小题大做吗？我应该马上赶走我俩的不良情绪。所以我抱了抱她，跟她道了歉，孩子也立刻转了弯："我也有不对的地方，不该一有委屈就向你发泄。"我们相视一笑又和好了。

后来细想这件事，我那么说女儿也是积累的怨气所致，我没有理解孩子，认知不合理。所以一生气，就只想着孩子的问题，忘记了孩子本来还是比较体谅我们的，结果伤了她的心。

有些表现可能属于心理问题

有一名初二男生学习成绩优秀。妈妈从小对其管教严厉、要求高。慢慢地，这些要求内化为孩子对自己的要求，也开始好强，追求完美，每天早晨都非要洗、吹头发，整理得很好才出门，经常因此而迟到。妈妈开始催他、说他，制止他。其实，这类似于强迫症的行为，孩子如果想做而不让他去做，他会感觉很难受。这类问题需要先顺应，之后再慢慢淡化（强迫症的原理及治疗方法请参考笔者的《内心的重建》）。

还有一个男生面临同样的问题。他最近每天都会让爸爸帮他梳头、吹头发、穿衣服。爸爸认为这是孩子依赖自己，怕娇惯了他。我判断这是强迫的症状，以前他梳头等追求完美，达不到要求就很难受，自己却怎么也搞不好，往往要花很长时间。最近和爸爸关系好了，所以让爸爸来帮他。而爸爸帮他梳头、吹头发他就不纠结了（强迫症往往是在某些特定的情况下发生，换个形式可能就不那么在意了）。所以，这是心理问题，而不是溺爱的问题。

以前我对孩子的学习要求太高，特别是写字和写作文，不认真写的字要涂了重写，不过关的作文，要撕了重写，字没有对齐也要纠正。久而久之，我的要求内化为孩子对自己的要求，她养成了涂涂写写的习惯。另外，她做得太仔细，太追求完美，考虑来考虑去，这也是她写作业慢和考试答题慢的原因。

老师也说，给她足够的时间，她会做得很好，而且，字写得真好。有一次孩子的数学只考了三十多分，开始我很焦虑，后来班主任告诉我，女儿的数学并不那么糟，如果给她足够的时间，应该在八十分左右。她就是做题太慢，导致后面大题失分很多。

找到了问题，我就在这方面慢慢劝说孩子，写作业、考试不要太追求完美，差不多就行了。有时考虑得太多可能反而搞错，第一印象往往是准确的……经过反复渗透，写作业拖拉的问题好了很多，她不再执着地咬着笔头一上午考虑一两道题了；老师也破天荒地在家校联系本上写道：孩子现在做题速度快了，真令人高兴。

压力太大同样是心理问题，有时父母不了解孩子的感受。曾经我为一名初三男生做过咨询，他告诉我和同学相处压力较大，但是老师反映他和同学在一起有说有笑，好像还很开心，所以妈妈以为他没说实话。后来我们深入交谈之后，发现他有一些社交恐惧症，一直有一些窘迫，不大懂得如何拒绝别人、做自己，所以压力确实有些大。

一般来说，孩子玩手机、游戏是需要适度控制的。但是如果孩子出现严重心理问题，比如过度焦虑甚至抑郁，那么父母会看到孩子一直要玩手机、游戏。这其实是孩子自救的一种方式，孩子借此可以转移注意力，暂时摆脱负面情绪，避免恶性循环。所以，此时应该鼓励、支持他玩，这样孩子就不会边玩边内疚、自责，或者担心父母的训斥、批评，会更好地化解不良情绪。当然，在情绪逐渐好转之后，需要再适当限制。

　　因为中学的学习压力大，学校或者家长励志过多，所以孩子容易出现心理问题。父母要学会识别，不要把心理问题当作孩子的行为问题或者品质问题（心理问题的相关知识请参考笔者的《内心的重建》）。

第三节　孩子的问题可能是家长造成的

当我们责怪孩子时，却不知道有些问题源于父母。所以，父母需要首先反省自己、改变自己。

孩子为什么会撒谎、推卸责任

一名初二女生成绩优秀，爸爸对她各方面的要求很严格，如果做得"不好"，会严厉地批评她。爸爸认为零食没营养、添加剂多，对身体不好，所以平时禁止孩子吃零食。有一次，爸爸和妈妈外出一周，孩子自己在家。父母回来发现她把零花钱都买了零食，而且把微信余额里的钱也花光了。问她，她却不肯承认。爸爸很生气，偷偷吃零食也就算了，还说谎。他忍住没发火，先来咨询我。我分析之所以如此，是因为孩子知道如果说了实话，等待她的将是严厉的批评；而如果爸爸对她吃零食宽松一些，孩子就不至于偷偷买；如果孩子说了实话爸爸也能宽容，自然就不必撒谎了。所以是爸爸在逼孩子说谎。爸爸听了，恍然大悟，回想起孩子在自己面前有些战战兢兢、畏畏缩缩，看来自己把孩子吓得够呛。

发现孩子常常说谎的时候，父母应该想一想是不是自己在逼孩子说谎。

孩子为什么不爱学习

有一位初二男生的妈妈向我咨询。孩子以前成绩优异，考上了最好的民办初中，入学时在班上排前几名，但是后来慢慢地不爱学习了。为什么会这样？细细分析，部分是因为父母做错了，不懂得如何帮助孩子摆脱困境。

孩子初一的英语老师没有经验，讲课水平较差，他对老师意见很大。父母没有及时有效沟通、疏导，孩子对老师的怨气越来越大。结果有一次孩子在班上给老师提意见，老师很尴尬。这事被班主任老师知道后，批评了他一顿，他回家后又被父母臭骂了一顿。之后，孩子开始厌恶学英语，不愿意做英语作业，状态越来越差。

父母又因此经常打骂孩子，冲孩子吼，吓得孩子哆哆嗦嗦，学习效率更低了，而且越来越不爱学习。初一之后的暑假，孩子的背诵作业没背好，怕被批评、惩罚，想请假一天在家里背完，妈妈又处理不当，对老师实话实说，老师自然没同意，结果只能去上学，还被严厉处罚、当众批评了。

此后孩子的学习积极性更差了，做作业效率不高，越做越晚，有时到了凌晨两点才写完，第二天起不了床，上课打瞌睡，老师批评、成绩下降，进入恶性循环。

成绩下降，有孩子自己的原因，可能还有老师和同学的原因，但是往往少不了父母的原因。父母的教育方式有问题，或者不懂得如何帮助孩子克服困难，就需要好好反省、提高自己。

孩子为什么会打骂父母

打骂父母属于不孝的行为，自然是不应该的。如果孩子冷静时这么做，就需要义正词严地警告、制止，甚至惩戒。但是如果孩子愤怒时偶尔如此，就要先去了解孩子为什么会这样做。

一名初三男生有时愤怒了会骂父母，妈妈难以接受。孩子这样做确实不好，但为什么会这样呢？往往是因为父母以前的教育方式不当，孩子积累了太多的反感，再加上父母当下的事情处理不当，矛盾激化，才会造成这样的结果。

有名初中男生最近上学常迟到，不遵守手机使用规定，周末和同学出去玩的时间过长，父母对孩子一肚子意见，很讨厌孩子，看不到孩子的一点儿优点。所以他们看孩子的眼神是反感的，脸色也是难看的，妈妈说看孩子一点儿也没有怜爱、喜欢的感觉，好像也没有亲情了。孩子自然能感受到妈妈的心情，所以，也会反感妈妈，再加上积怨已深，火气大时自然会开骂。这样做虽然不好，但这其实是孩子在宣泄情绪，所以也可以理解。

妈妈在我这里咨询之后，逐渐去理解孩子，知道孩子的问题的产生也有自己教育方面的原因，于是慢慢地，心态好了，看孩子也顺眼了。另外，她学会了顺应孩子，亲子关系有所改进，再和我一起想办法解决了孩子的问题，之后孩子就不再骂妈妈了。

另外，如果孩子压力很大，无从发泄，有时也会对父母爆粗口。

此时父母需要做的是帮助孩子缓解压力。

一位高一男生的妈妈这样说。

最近孩子期中考试成绩一落千丈，一个月来周末回家就紧锁房门不与家人沟通，日夜颠倒。我知道孩子难受，也在理解和顺应孩子，但是他发来的信息有时会夹杂脏话，我心里特别难受。后来维尼老师说孩子可能是压力太大所致，其实他也是不由自主的。

想想可能确实如此，这学期孩子状态不好，内心痛苦迷茫，对自己极不认可，在学校的压力及愤怒无从发泄，可能这是不得已的发泄方式吧。理解了之后，我感觉好多了。先接纳，平和心态，再慢慢去帮助他走出来吧。

一名初中女生学习优秀，但是压力很大，初二时就不上学了。但是孩子又觉得不上学前途暗淡，压力更大。她在重压之下出现极端的言行，又担心自己会不会疯掉，这就更痛苦了。造成她如今的状况，妈妈其实是要负一半责任的。小时候妈妈逼得太多、要求太高，所以她怨恨妈妈，和妈妈诉说自己的痛苦和愤恨时，打了妈妈。这虽然不孝，但是在极端的情绪之下，还是可以理解的。所以妈妈也没有对此纠结太多，继续好好和孩子相处。经过几个月的等待，孩子终于从情绪的困境之中走了出来。

是错误，还是需要改进的问题

为什么很多家长会理直气壮地去说孩子、训斥孩子甚至打骂孩子？一个很重要的原因就是认为孩子犯了错误，所以，就应该受到惩戒。

这看似很有道理，孩子的很多问题的确是需要改进的，比如玩手机、游戏时间过长，脾气大，和父母吵架……但这些是孩子的错误吗？可能需要好好思量一下。

孩子身上的有些问题可能是很正常的，比如玩手机时间比较长，在家里比较磨蹭，懒得收拾卫生。这些其实是普遍的现象，属于人之常情，可以理解。

孩子身上的有些问题可能有内在的原因，比如不爱写作业、不爱学习，可能是因为缺乏兴趣、信心，也可能是能力不足，需要我们的帮助。我们需要做的是找原因、想办法，如果把这归结为孩子的错误，去批评和指责，往往用处也不大。

孩子身上的某些问题可能是父母造成的，比如孩子为什么会顶嘴，对父母没礼貌，可能是父母的语气、情绪、方式有问题，父母也需要反省自己的问题，首先做出改变。

所以，我一般不说这些是孩子的错误，只是说这是需要改进的问题。父母首先要理解孩子，改变对孩子问题的认知，这样才能平静下来。如果能建立良好的亲子关系，孩子合作了，解决问题会容易些。但是，孩子身上的问题往往不是马上能改进的，所以，父母要先接纳，再慢慢找机会去改变孩子。不过，有的问题可能难以改变，父母只能接纳现状。

第六章

如何与青春期的孩子沟通

　　到了青春期，很多父母感觉孩子难以沟通。孩子不愿意听取父母的意见和建议，多说几句就烦，这固然是青春期孩子的一个特点，但也是因为父母不理解孩子、不懂孩子，缺乏沟通的技巧造成的。

第一节　理解孩子是沟通的前提

　　如果父母不理解孩子，自然难以沟通。

　　有一次与一对母女交流。妈妈说什么话，孩子都很激动地反驳妈妈。妈妈的语气也是温和的，但为什么会沟通不畅？我发现主要是因为妈妈不理解孩子，所以孩子觉得她说的话有些不靠谱。孩子的情绪一直在提示妈妈，妈妈却浑然不知导致母女俩一沟通就吵，已经持续好几年了。

　　一名高中女生这样说。

　　进入初中之后，家里从来就没有好好沟通过，一沟通就吵。所以，父母不了解我的想法；父母说什么，我也很抵触。我进入高中之后，不适应新的环境，情绪常常低落。我谈自己的感受，妈妈不理解；妈妈想劝慰我，我也觉得妈妈不理解我，说的不适合我，甚至感觉妈妈站着说话不腰疼，所以不愿意听。我与妈妈在一起感到压抑，有时甚至连呼吸都觉得困难。

所以，想和孩子沟通顺畅，首先要能够理解孩子、懂孩子。如何理解孩子上一章进行了一些探讨，这里再举几个常见的事例。

孩子有时在 QQ、微信和同学聊天时会说脏话，其实这是他们之间"流行"的沟通方式，会显得"成熟"。如果上纲上线，上升到品德问题，那么孩子可能会设上密码屏蔽父母，父母就再也没机会了解孩子的私聊了。父母理解了之后，再和孩子沟通，给他一些合理的建议，比如私下偶尔说说就算了，公共场合还是不要说脏话，孩子可能更愿意接受。

有时孩子想边写作业边听音乐，这虽然不够专心，但是父母如果能够理解孩子可能心情烦躁，甚至不大想写作业，听歌能帮助他静下来，也更愿意写作业，那么听音乐也是可以的。理解了之后，父母就能平静地和孩子沟通听多长时间合适等问题。

理解了孩子，走进孩子的内心，才能与孩子沟通，找到适合的解决方案。

女儿初中时成绩不理想，中考没考上一直期盼的重点高中，去了一所普通高中。我一直鼓励孩子要接受现实，努力学习，不一定就会比在重点高中差。但是女儿开学没多久就有了厌学的情绪，说她不喜欢那个学校，同学像社会上的人，打架斗殴，甚至女生也抽烟喝酒，戾气非常严重。她想转学，可是重点高中进不去，别的高中又差不多，女儿的情绪非常低落，高一下学期开学只上了三天学就说什么也不去上学了。我和她爸爸劝她要适应环境，出淤泥而不染，可她听不进去，在家足足躺了两个月，什么也不干，就看手机。

后来我咨询维尼老师，老师说我一定要理解孩子，她也不愿意这样，也是不由自主的。于是我慢慢去体会孩子的内心，知道孩子内心也很苦，她是想好好学习的，只苦于找不到路，而且出淤泥而不染大人都很难做到，何况孩子呢？后来经过反复沟通、商量，终于在高一下学期的五一过后，我们送她去了外地农场的一所高中，学校环境很好，管理很严格，有点儿半军事化管理的样子。女儿很喜欢这所学校，去了之后也很适应，每天早晨5点40分起床，晚上9点30分下晚自习。她很喜欢这样有规律的生活，我也不过多关注她的学习，只是让她注意身体、注意休息，希望她能快快乐乐地学习。后来经过几年的拼搏，孩子考上了一所理想的大学。

第二节　沟通之前先了解好情况

父母在沟通之前需要了解清楚情况，如果误解了孩子，自然难以沟通好。

一位初三女生的妈妈向我咨询。有一天，孩子的老师打来电话，说孩子总和同班的一个男生坐在一起，有的时候会互相抄作业，还讲话。今天晚上吃饭，两人在一起边吃边聊了四五十分钟。后来男生说要去买本子，她也要跟着去，结果一小时过去了还没回来。

如果是以前，听到这个情况妈妈早就炸了，非要算长短、论曲直，严厉地训斥孩子一顿，让她以后不敢再这样了。不过，妈妈知道孩子对此会很反感，所以请教我该怎么办。

首先还是要理解，吃饭聊天偶尔时间长了，也正常；和男孩一起出去很长时间没有回来，也许有什么事情，要先搞清楚，不要误解了孩子。

后来才知道，第二天要开运动会，孩子有比赛项目，和一位老师请假出去训练了，打电话的老师不知道此事。如果妈妈当时劈头盖脸训一通，那就冤枉孩子了。

一位高二男生的妈妈咨询我："今晚我接孩子回家，孩子没带校园卡出校门口时（学校是寄宿制，规定晚上出校门必须带校园卡，以防学生私自外出）跟保安吵架了，我该怎么处理？"

　　看起来是孩子违反了规定，但是俗话说一个巴掌拍不响，吵起来可能不全是孩子的问题。我建议妈妈再去了解一下情况。原来是孩子告诉保安妈妈来接他了，着急走，结果保安一把抓住他，孩子有些急了，所以争吵起来了。看来，不全是孩子的错误，保安的处理方式也有问题。

　　所以，沟通的第一步就是先理解和肯定孩子。保安的做法有问题，难怪孩子会生气、争吵。这样孩子情绪会平静一些，愿意听我们的话；之后再让他理解保安，这是学校的规定，所以劝阻他也是有道理的；最后再给他一个可行的建议，既然这么严格，那么我们记着带校园卡就行啦，不必给别人添麻烦，或者耐心给保安解释一下，把妈妈叫过来也行，我们也需要理解保安的难处。

第三节　换个角度看孩子的观点

到了青春期，孩子的观点逐渐不再幼稚，可能还颇有见地。虽然他们的看法与父母的可能不同，但是从某种角度看，自有其道理。

周末我们和孩子吃饭时顺便聊聊天。孩子说起来了某档节目中那些明星的事情（2018年9月），妈妈说了一句"都是些不男不女的"。孩子一听不高兴了，说，那些明星不就是长得好看吗，怎么能说是不男不女的呢？孩子说的也有道理，这些艺人长得清秀，孩子喜欢他们，妈妈这么说孩子自然不高兴了。

后来说起胡子的事情，妈妈说不喜欢胡子拉碴的样子，还是刮得干净些好看。孩子说，有的人胡子拉碴的不好看，但是有人留着胡子也挺好看的。其实孩子说得更全面，妈妈不能只用自己的喜好来看待事情。

后来又说起班主任老师励志的事情，孩子说老师不知道从哪里找来了那么多励志小文章，天天给我们读，让我们一定要考上普通高中，烦死了。妈妈说，老师都是为了你们好。孩子一听就有些急了。其实孩子说得也有道理，适当励志是可以的，但是励志过度，也会给孩子带来过多的压力，有负面作用。再说，每个人应该选择适合自己的道路，不是人人都适合上普通高中的。

　　试想，如果妈妈天天这样和孩子交流，不懂孩子的想法，时间久了，可能孩子就不想多说了，所谓话不投机半句多。

　　孩子在成长，自然会有些不尽合理的行为，但是如果家长解放思想、转换角度，就可以发现其中积极的意义。

　　有一名男生上课喜欢接老师的话，质疑老师的答案、问为什么。老师一般不喜欢这样的表现，不过换个角度来看，这也说明孩子爱思考、能动脑，希望得到肯定。

　　有一个孩子常和老师告状，说谁抄作业了，这样自然不太好，会得罪同学。但这样的行为也有价值，说明孩子有责任心，比较能坚持正确的事情。

　　一个孩子会把漫画卖给同学来赚钱，妈妈开始觉得这样不好，不过，换个角度看，也说明孩子有商业意识、有财商。

　　学会转换角度，看到孩子"问题"积极的方面，才能找到可以理解和肯定他的地方。

第四节　读懂孩子的想法和感受

虽然父母也曾经历过青春期，但是现在孩子的想法和感受与父母那个时代还是有所不同的。所以，父母需要重新了解，学会读懂孩子。以下是一名初三男生的文字，可以帮助我们从孩子的角度来看问题。

我为啥喜欢打扮？因为我喜欢对生活说我已经是以最好的状态、最好的模样在迎接你了，这样会觉得存在好有意义，因为还有很多美丽的事情可以去尝试，去享受。

为啥要电动摩托？因为我还年轻，我还能追求速度，还能释放，而不是等到已经没有追风少年的心态，再以一个成人的身体追求青春。

我最大的理想就是考完试之后，骑着电摩，听着歌，后面载着最好的朋友，一起去最高的地方，说着自己觉得有意思的话题，哪怕别人觉得奇怪也没关系。

年轻时谁没有些独特的想法？这些想法也许不成熟，但是自有其道理，世界因为不同而精彩。

有时读不懂孩子，是因为父母站在自己的角度来看问题，不理解孩子的感受。

一名高三男生要学习电子音乐键盘，但是电脑配置不够，所以想要一台更好的笔记本电脑。

妈妈：我准备给你买笔记本电脑了，但是有一个条件，就是你要养成写日记的习惯，每周不低于四篇，坚持下去；还要养成锻炼身体的习惯。

孩子：那就别买了，居然还有逼迫人写日记的。

妈妈：可以吗？

孩子：不可以，告辞！我买电脑就是为了做我想做的事情，不是为了别的。

妈妈：你想想，我的要求一点儿也不过分，而且很容易完成。

孩子：那只是对你来说很容易。我让你天天做物理题，每天一道，你能坚持去做？恐怕不会做吧，但是这对我很容易。我不喜欢写东西，你用我喜欢的东西逼着我写，这是道德绑架吧。

妈妈的问题是什么？

第一，不能站在孩子的角度考虑问题。妈妈喜欢写日记，但是孩子并不喜欢。第二，没有考虑孩子的感受。孩子学习需要笔记本电脑，经济条件允许就买，否则就不买。非要借机讲条件，孩子一般是不大愿意的。

第五节　孩子刺耳言论的背后

想理解和读懂孩子，还需要重视孩子说的话。

很多妈妈对孩子的一些话不以为然，或者认为是在无理取闹，所以选择忽视甚至加以否定，却不知道孩子表达的是真实的想法。

当孩子说自己很烦，或者妈妈很烦时，那往往是其真实的感觉。所以父母需要想一想，是不是自己的语气、态度、情绪有问题，自己尚未察觉；是不是自己太啰唆，管得太多了；是不是没有考虑到孩子的感受；或者孩子是不是压力太大，遇到了什么事情……

有时孩子会说出自己的真实想法。一名高一女生说："我本来想那么做来着，但是你那么一说，我反而不想做了。"这就是逆反时孩子普遍的心理反应。妈妈总想改变她的习惯，孩子说："你那样说有用吗？我该怎么做还是怎么做。"她说的是实话，青春期大部分孩子的特点也是如此。

一名初三男生的学习成绩一直优秀，却突然不上学了，还爆发了激烈的情绪反应和抗争。他说："我说的一些话，在家里没有任何人理解我。"妈妈反思："孩子以前很爱表达，但是我觉得他说的都是废话，是随口说的，没当回事。没想到孩子说的都是内心真实的想法，早早就给我们发出了信号。如果我能早重视，早去反思自己，就不会走现在的弯路了。"

　　一位妈妈经常因为手机的事情而发火，和孩子吵架，孩子对妈妈说："你真是没事找事，好好的，气什么呢？"这话不值得妈妈反思吗？

　　一位妈妈逼迫孩子从小学习，为此经常打骂他，到了初中孩子开始反抗，不写作业，玩游戏、看电视，妈妈说他，他大喊："如果没有你我不会成这样，你根本就不会教育！"话虽刺耳，但是也不无道理啊。

　　即使是小孩子，有时说的话也是值得我们倾听的。一个上三年级的女孩和妈妈玩角色扮演的游戏，孩子扮演一位咨询师，告诉妈妈："她（指孩子自己）有时候会不听话，心情不好，你们就应该顺着她些。"妈妈说："如果她提不合理的要求，我要怎么办呢？"女儿说："那先顺着她啊，你以前总是会说她、批评她。另外，你女儿烦的时候，你们就离开她，别多说话，她一会儿就好了。"这些话和我的观念不谋而合，也说出了孩子的心声。

第六节　倾听比说更有效

沟通不仅仅是说，倾听有时比说更有效。不过，倾听不光是听听而已，而是要让孩子感到你的真诚，从而产生共鸣。

孩子以前总是说："你从来不认真听我说话。"想想也真是。我上班，孩子上学；我下班，做家务，孩子写作业。孩子今年该上初三了，本来亲子交流的时间就不多，孩子有时候给我说一些他们班上的趣闻呀，同学的可爱呀什么的，我都是有一搭没一搭地听着，因为我是初中班主任，所以觉得孩子说的无非和我班上的孩子说的大同小异，听孩子说话的神情不够专注，孩子说一会儿就觉得没意思了。长此以往，孩子就不再给我说学校里的事情了。

我从维尼老师那里知道如果不去认真倾听孩子的话，孩子发现后就会拒绝和我们有更多的交流，这样亲子关系会逐渐疏远冷淡，不利于家庭教育的实施和孩子的成长，所以我们要做会倾听的家长。

意识到这个问题后，我及时改变自己的做法。哪怕我正在电脑前忙工作，孩子给我说学校里的事情，我也会马上表示关注，并且追问孩子：这个事后来咋样了？孩子现在比较愿意和我交流，我有时也刻意学一些我班上学生的话来和女儿对话。比如孩子们经常说：

"Oh my god!"我说:"我们'70后'的人也会说呀,我们说的是中文'我的老天爷呀',你们说的是英文'我的老天爷呀',意思一样啊。"每当这时候,女儿也会和我一起讨论他们同学中的流行语,亲子关系非常融洽。

有时我们不需要说什么,陪伴和倾听就能帮助孩子宣泄情绪,让他们感受到支持。

女儿在农场高中上学期间,由于学校管理严格,平时不让出校门,只有周日才能出去,我和她爸爸就每周日在学校旁边租一个日租房。每到周日,我们三口人就一起去市场买菜,然后回到日租房。我们给女儿做她爱吃的东西,每次全家都特别开心,共同享受家的温暖。偶尔工作忙去不了的时候,女儿也很理解。可是有一次。我由于工作原因周日无法看望她,她很生气,说那你们以后也不要来了,她爸爸也很生气,说咱们几乎每周日都去,就这次去不了,女儿怎么这么不懂事呢?但我想来想去,觉得肯定还是有什么原因。于是我就周五过去了,跟老师申请让她午休时间出来,我去接她,领她出去吃了顿饭。吃饭时她跟我说老师按名次排座位了,她排在后面,心情很不好。我也没说什么,只是认真地听,后来说着说着她心情就好起来了,说也理解老师的做法,她会努力让自己坐到前排。这顿饭我俩聊得很开心,她的心结解开了。回家的路上,我真是很庆幸及时去见女儿了,女儿在这个阶段敏感,情绪容易波动,做家长的不能武断地认为都是孩子的问题，她真的需要家长多多的陪伴和倾听。

一位高中男生的妈妈在我这里咨询，孩子很逆反，对父母积累了太多的不满和怨气。父母原来觉得无关紧要的小事，孩子却觉得委屈、憋屈，其实孩子当时也说了，只是父母没有去倾听，没有引起重视，逐渐地积累多了，压力和负能量就越来越多，最终爆发。

这一次爆发，妈妈找来了孩子信任的叔叔一家，按照我的建议告诉叔叔阿姨只倾听，不去说服孩子、改变孩子。孩子开始还不想说，慢慢地说起来，越说越气，一股脑把很多事情说出来了。他宣泄着愤怒，甚至摔东西，说了很多过火的话。

让人郁闷的事情堆在心里，就会积累负面的能量，而每宣泄一次，负能量就会少一些。后来，父母又让孩子痛快地发泄了几次，"控诉"父母的错误，最后有些事情再次说起，孩子就一带而过，不那么纠结、愤恨了。

第七节 情绪平和，沟通效果更好

沟通有一个必备的前提，那就是情绪平和。严厉、批评、训斥、发火，都不是沟通，对青春期的孩子来说，效果也很差。

乐妈：维尼老师，您好。在您这里咨询之后，有两周没和孩子吵架了，孩子对我的态度也好了很多。但是周六晚上，因为玩手机的问题，我们又吵了很长时间。她喜欢用手机看小说，周六晚上本来说好只看一小时的，但是看了一小时多还没停下来，已经11点了，我担心她看多了会影响眼睛，影响睡眠，所以就催她别看了。她说马上好，说了三四次，但还是没有停。我就焦虑了，连连催她，结果她大发脾气，说不用我管，和我吵起来，一直吵到凌晨1点多。您说这种情况我该怎么办？

维尼：为什么会吵起来？起因还是您和孩子说话时急躁了、说多了，孩子才会发脾气。所以，沟通之前最好调节好情绪。而做到情绪平和，关键是要学会理解孩子。她可能被小说情节所吸引，虽然说了三四次"马上"却没有停，其实是正常的。

有一位妈妈平常脾气还不错，但是对卫生问题有些太在意，所以经常因此说女儿，而且语气中带着不满的情绪。这自然难以让孩子接受，因此不但无法沟通，还常常让孩子发脾气。

第八节　学会顺应，孩子更理性

一位朋友讲了自己的经历。大学毕业后，他与一个女孩恋爱了，爸爸对女孩的家庭也比较熟悉，但由于某种原因，坚决反对他们恋爱。本来他对这段恋情的未来不是那么有信心，因为两人当时不在一个城市，女孩的发展也有不确定性。但是爸爸的反对让他无法接受，难道因为家庭的反对就放弃爱情吗？如果是这样，那么爱情算什么呢？所以，无论爸爸怎么说、怎么生气，甚至因此彻夜难眠、身体不好，他也不愿意顺从。冷战了一年，爸爸也很无奈，虽然还是不支持，但是也表示不反对、不干涉了。没有了爸爸施加的压力，他和女孩也在思考未来，慢慢地觉得这段感情不太现实，女孩不太想离开家庭去到另外一个城市，所以友好地分手了。

这是普遍的心理反应，青春期的孩子也是如此。如果一个人相信爱情、坚持梦想，想按照自己的方式去生活，想按照自己的方法学习和做事，那么父母的反对有时反而成了他坚持的一个理由：难道因为父母反对就放弃自己的梦想、爱情、人生道路、做事方式吗？所以，父母越反对孩子可能就越坚持。

如果父母学会顺应孩子，不去过多地反对，保持沟通，那么孩子反而会自己思考将来应该如何做，可能就会不那么坚持了，此时父母再适时提出建议，可能效果会更好。

一名初二学生说将来想做电工，爸爸说可以啊，做电工也不错，结果没过几天孩子自己打消了这个念头。如果爸爸反对，孩子可能会更执着。

孩子上高中。有一次我和孩子聊天，我说大学毕业后留在上海挺好的。孩子突然说我将来想留在北京，这是她以前没有说过的。我没作声，她又说将来想在欧洲定居。我顺着她说，这也不是不可以，都可以考虑啊。孩子笑了，可能也觉得荒唐吧，后来再也没提这件事情。

有一名女生在一所很不错的高中读书，但是她所在班级的环境不如意。她非常不喜欢这个环境，并且因此情绪一直很低落。所以她想摆脱这个环境，去上国际高中。妈妈开始觉得这不靠谱，前途未卜，存在风险，极力想让孩子留在这所学校。孩子觉得很压抑，所以难以沟通，双方说不了几句就会吵起来。后来这位妈妈向我咨询，我建议妈妈改变沟通的方式。首先妈妈转变了观念，觉得国际高中也是可以选择的，可能也是一条不错的道路。这样，孩子就愿意交流了。不过随着交流的深入，了解的情况越来越多，孩子发现原来很多情况不像她设想的那样，通过上国际高中留学并不是一个那么理想的途径，所以，也不像以前那么坚持了，并开始思考如何更好地适应目前的环境。

第九节 与青春期孩子沟通的秘诀

和孩子沟通，很多父母急于说教，或者会先批评孩子，指出错误。对青春期的孩子来说，这是一种糟糕的沟通方式，孩子不但不愿意接受，还可能因此与父母发生争吵，自然难以达到预期的效果。

所以，沟通时需要先理解、肯定孩子（在心理学中，这称为共情、同理心），再提出自己的意见。这个沟通秘诀更适合青春期的孩子。

小岩上初一，和妈妈交流越来越少，妈妈想聊天时他就忙着干自己的事情，不理妈妈，甚至妈妈一说话就烦。

妈妈讲了两件事。一次，孩子说有个实习老师（大学本科）留校了（当地很好的初中），孩子觉得奇怪，问，怎么他能留校呢？妈妈马上说："实习老师也是大学生，怎么不能留校呢？"孩子不作声了。其实孩子的疑惑是合理的，这所中学一般要求有老师五年的教学经验，所以本科生能留校确实是很少见的。

还有一次，孩子说有个老师水平一般，他上课的时候很多同学都不爱举手。因为老师曾反映孩子上课时不爱举手，所以，妈妈一看机会来了，想趁机教导一下，就马上问孩子："你举不举手？"孩子识破了，一句话就把妈妈堵回去了。

　　孩子说一件事情，如果父母愿意倾听，理解和肯定他的合理之处，他说得高兴，自然会愿意和父母交流；相反，如果父母急着去影响孩子，不理会孩子说什么或者急于否定孩子的想法，急于说自己的道理，孩子就会觉得"堵得慌"，会反感这种单方面的沟通，多次下来，自然不想交流了。谁爱给自己添堵呢？

　　所以，我建议妈妈少去想着影响孩子，先放下自己的想法，去理解和肯定孩子，去倾听，这样孩子会逐渐愿意聊他的事情，在这之后，妈妈再适时提出自己的看法。

　　过了两周，妈妈高兴地告诉我，我的建议有了神奇的效果。她真正放下了，不想着去灌输、影响孩子，而是去倾听孩子，现在孩子很愿意和父母聊天，那轻松的语气就像和他同学在一起时一样随意自然，亲子关系有了很大的改进。有次妈妈不小心搞坏了孩子的东西，他也不像以前那样生气，也愿意帮助妈妈做家务了。

　　以前我总是着急让孩子按照我说的来，为了说服孩子，会和孩子说一大堆道理，孩子听得眼神都空洞了。我录过音，听后自己都觉得啰唆得很。我女儿说："你说的不一定是对的，为什么一定要听你的？"后来维尼老师建议我先去理解和肯定孩子的想法，再简短地说自己的看法，这样孩子慢慢能听进去了。

　　我曾经和一些孩子深入交流过，他们虽然都是第一次见我，但是普遍的反馈就是我懂他们，理解他们，所以他们愿意和我沟通。

为什么？首先我并不急于语重心长地劝他们，而是先好好倾听他们的话，用心去理解。当我想说话的时候，总是先理解和肯定他们的行为或想法合理的方面，之后再提出自己的建议。当然，我的建议孩子们也不见得就都听，如果孩子不大同意，那么我也不会勉强，就先放下这个话题。所以，沟通往往是顺畅的，孩子们也愿意向我打开心扉。

我儿子觉得当明星挺好的，能挣很多钱，所以他想将来走演艺道路。维尼老师说要先理解和肯定孩子，再提出自己的建议，所以我说："是啊，如果能当演员的话，尤其是大明星，确实会挣很多钱，看起来也很风光。"之后我慢慢和他谈了一些实际的情况，比如做明星虽然很好，但是只有极少数人能当明星，大部分人其实既不风光，收入也一般；而且演员也是很辛苦的，为成名要忍受很多艰辛；另外，本地的培训条件不大好，想考取演艺专业的名校很难……慢慢地，孩子打消了这个念头。

一名高中男生一直在我这里咨询。有一段时间他迷上了日本文化，很想去日本留学，他妈妈请我劝劝孩子。我先理解和肯定了孩子的想法，日本文化挺好的，我也欣赏，去那里留学，好好生活几年想来也是不错的。我和他谈了一会儿我喜欢的日本漆器、瓷器，以及工匠精神等。我和孩子聊得不错。之后，我才把一些实际问题提出来，如果他们家的经济条件优渥，那去留学固然不错，但是好像他们家的条件没那么好，所以去日本留学生活会比较艰苦，没有想象中的那么美好，而且投入产出比也不理想……如果实在喜欢，可以在淡季去日本旅行几次，每次住一周，慢慢感受日本风情、文化可能感觉也不错，费用也可以承受。最后，我并没有劝他放弃留学的想法，只是建议先不着急做决定，反正还有一两年的时间，慢慢考虑，以后再说。看得出来，孩子听进去我说的话了，妈妈说孩子后来决定不去留学了。

　　一名初中男生，暑假期间常常和同学一起去玩，去看电影，去吃饭，每天花销都是二百多元钱。妈妈不高兴，对我说："这孩子不能省点儿花吗，花那么多钱干什么？"以前妈妈都是这么和孩子说话的，这也是他们经常吵架的原因之一。

　　后来在我的建议下，妈妈换了一种说话方式。妈妈说："平常学习那么累，放假了和同学一起出去玩挺好的，放松放松。出去消费，咱们也不能显得小气，该花的钱也要花。不过呢，咱家也不是很富裕的家庭，爸妈挣钱也不容易，该省也得省，这样可以多玩几次。如果同学消费实在高，那么我们可以少参加几次。"这样一说，孩子就听进去了。

第十节　先顺着孩子说，不急于说服

有一位初二男生的妈妈向我咨询。以前妈妈就不擅长沟通，有一次孩子说学习不好将来也可能过得不错，学得好未必过得好，妈妈一听急了，马上去说服孩子，结果和孩子争论起来了。其实孩子说得也有一定道理，确实有这样的情况，只是从概率上来讲，学习好的孩子将来发展得好的可能性还是会大一些。

还有一次运动会，孩子玩手机，手机被老师没收了。孩子觉得不公平，因为好多同学都在玩手机，为什么只收了他的。妈妈替老师说话，孩子就更不高兴了。其实如果妈妈先顺着孩子说，让孩子宣泄出不满情绪，再给孩子提出建议，效果可能会更好。

妈妈慢慢领悟了我的方法，有一次她这样告诉我。

维尼老师，我今天运用了您说的沟通方法，效果不错。孩子参加游戏抽奖，结果没抽到，他特别遗憾，和我说这件事情。以前我会说，这有什么用呀，没中就没中吧。这样说儿子根本就听不进去。现在我知道了，他找我说，其实是想让我像朋友一样认同他的感受。

所以我就说："是啊，没有抽到挺遗憾的，这么好的事情，花钱也买不到，物以稀为贵，如果能有这些是挺让人羡慕的。"儿子当时感觉放松了一些。我继续说，要是我看到别人抽中了，而且是这么大的礼物，我也会淌口水的。然后我望着他，开玩笑地说，你的口水是不是都淌到地上了？他就打开电脑，让我看奖品具体是什么，给我讲解。我认真听着，他的遗憾也在宣泄。之后我看他更平静了一些，就给他算概率，其实中奖的概率不到十万分之一，不中很正常。这样，慢慢地，他就平静下来了。

　　他今天愿意和我说这个事情，我本身就非常高兴。至少他对我的信任开始一点点地增加，虽然有时候他还会有点儿小情绪，但我认为都是正常的，也许他那时候心情不好，说说而已，不是针对我，我不必当真。这样理解了他，再去沟通就能做到心平气和，感觉好多了。

第十一节　孩子对老师不满，家长应该怎么做

妈妈：学校里的事情，女儿什么都不和我说，我一问，她就会吵。为什么会这样？没法儿沟通可怎么办呢？

维尼：是不是以前孩子和你说学校的事情时，你总会急着去教育她一番，或者很着急，马上批评她，站在老师和同学的角度去教训她，骂她一顿？

妈妈：是啊，我以前就是这样的。

维尼：那就是你自己堵上了沟通的渠道。

孩子回家可能会和父母抱怨老师，表达对老师的不满，很多父母会马上站在老师一边，告诉孩子，老师都是为了你，甚至会先去批评孩子："如果你没错，老师能这样对待你吗？"孩子会觉得堵得慌，郁闷也得不到宣泄，对老师的反感也得不到引导。时间久了，孩子就不大愿意和父母说学校的事情了。

父母说的有没有道理？自然有一定的道理，如果孩子对老师有成见，可能不服从管理，甚至不听老师讲的课。所以，引导孩子理解老师也是必要的。

不过在这之前，父母需要先站在孩子这一边，做孩子的"自己

人"，理解和肯定孩子。孩子对老师不满，自然是有道理、有原因的，老师的做法一般也会有些问题。如此，孩子的郁闷、不满得到了宣泄，觉得父母是自己人，就会愿意听父母说的话。此时，父母可以再去引导孩子理解老师，并提出一些合理的建议。

　　有一次班主任突然打电话让我去学校。到了学校，女儿和几名女同学在一个空教室里，老师没在，那几名同学的妈妈已经在训自己的孩子了。女儿看见我去了，一下子就哭了。我给她擦擦眼泪问她怎么了，她说班上有名女同学跟她们几个比较要好，最近这名女同学跟她的妈妈和老师闹别扭不去上学，老师跟同学们说不要管这名女同学，可是她们几个中午还是去看女同学了，劝女同学去上学，结果下午回来上课就晚了一会儿，老师很生气，就让她们罚站，然后把她们的家长都找来了。我觉得这也不算什么大事，可能老师是想教训那个孩子，不让别的同学理她，结果让她们几个给破坏了。其实我不赞成老师孤立某个学生的做法，我也不认为女儿她们有什么错。我就跟女儿说，关心同学是好事，但是不能迟到，下回注意点儿就行了。后来老师回来了，看见我没教训女儿，有点儿不高兴，但也没说什么。我觉得不训孩子是对的，不能因为要跟老师配合就没有原则。后来我跟女儿说，老师也是人，不是神，也不一定什么想法都对，你理解就行。

　　一名初二女生很逆反。我发现女孩的妈妈有一个问题：凡事都从自己、老师的角度去劝说孩子。比如孩子之前一直考第一，最近考试得了第二名，就被老师罚站。孩子说起这件事，妈妈的第一反应就是："老师也是为了你好啊！"孩子白了她一眼，不再说话了。

此时，首先应该理解和肯定孩子："这个老师的确有些过分啊！"等孩子平静了，再尝试让孩子理解老师："老师太年轻，没有经验，有些做得不到位也正常。"

妈妈恍然大悟——以前还真没有从这个角度去想过。妈妈从此转变方式，首先去理解和肯定孩子。只过了一两周，和孩子的沟通就顺畅了很多，孩子甚至和妈妈说起她喜欢的帅哥的事情了。

这种沟通方式同样适合处理孩子和同学及其他人之间产生的矛盾。

如果孩子对老师和同学有不满，父母沟通一般可以分三个步骤：先理解和肯定孩子，之后劝说孩子理解他人或事情，最后再提出可行、合理的建议，告诉孩子以后遇到类似情况该怎么处理。

一位大二男生的妈妈在我这里咨询。妈妈说了这样一件事情。

孩子看到老师把自己需要补考的课程统计错了，很气愤，说要把老师如何如何，语言过激。我说孩子确实没怎么上课，可以去核对一下，错了也正常。孩子很生气，说我给老师找理由。我意识到我没有先理解孩子，与孩子共情，就马上转变方向。先理解他，老师确实可能统计错了，这让他没面子，感觉生气是正常的；然后顺着他说，你要是把老师怎么样了，那之后呢？他说我接受惩罚吧，我问那爸爸妈妈呢？他不说话了。我看他不生气了，再劝他理解老师，统计出错也正常，有疑问找老师核对一下也没什么关系。慢慢地，他平静了，这件事情也就过去了。

一名初二女生因为值日的事情被老师批评了，她感觉很委屈，回家和爸爸发泄了一通。爸爸先顺着她，也说了老师几句，让她把对老师的不满都痛痛快快地说出来，孩子也平静下来了。之后，爸爸再引导孩子：老师要面对三十多个孩子，难免会把情况搞错，误解了你，这也是正常的。最后，爸爸给了孩子一个建议，让孩子以后遇到这种情况不必当面和老师解释太多，老师在气头上，可能也听不进去，可以等回家和爸爸说，爸爸再和老师沟通。

第七章

青春期孩子爱发脾气怎么办

孩子进入青春期，压力大，性格更加敏感，而父母的教养方式没有适应孩子的变化，所以孩子往往比小时候更容易发脾气。

第一节 孩子为什么爱发脾气

很多孩子在外面看着脾气挺好的，却常常对父母发火。一是孩子觉得面对父母不用克制自己真实的情绪，所以有情绪就会发泄。二是孩子对父母已有成见，所以一点儿小事就会让他们联想到以前的很多事情，自然容易发火。

曾经有一个初中男孩的父母向我咨询，孩子很爱发脾气。我分析后发现有以下几个原因。

一是孩子本身性格存在问题。孩子比较追求完美，不能坦然面对挫折，不顺利时，比如钥匙一时插不进锁孔，玩游戏时网速较卡，都会着急、生气。

二是受父母脾气的影响。爸爸以前就爱发脾气，朝夕相处，爸爸的情绪、思维方式、行为模式都会直接传递给孩子，孩子发脾气时和爸爸一模一样。爸爸后来看到孩子的表现，才改了很多。

三是学习压力大。孩子上小学时学习成绩尚可，到了初中，各科都有所退步，面对中学的不适应和学业的压力，他特别暴躁，冲父母吼、踹门、摔门，和妈妈说话时也一脸戾气。

四是父母的教育方式有问题。孩子有时考试成绩不理想，此时最需要父母的安慰，妈妈却总是说他不够努力，结果孩子憋了一肚子气。孩子爱玩游戏，妈妈一气之下把手机砸了，孩子默默忍受、没有反抗，但是内心却非常气愤。孩子说爸爸不理解他，即使他遭受校园暴力，爸爸也会认为是他的错，所以很多事情他不愿意和父母说，说了只会添堵。孩子得不到理解和宽慰，负面情绪自然越来越多。

所以，如果想引导孩子少发脾气，就需要从这几个方面入手。

第二节　学会三种思维，孩子淡定从容

一名初三男生爱发脾气。开学第一天，他说一定开个好头，早些完成作业。但是数学作业有些难，没有按时完成。他就在那儿嘀咕："都过去一小时了，我数学作业还没有写完，今天又要晚了，在学校也是白写了，烦死了！"后来数学作业花了两个多小时才写完，孩子发了很大的脾气，说快 11 点了，其他作业不写了，然后不停地说，数学作业写了这么久，真是浪费时间。

这个孩子发脾气主要是性格所致。不过，归根结底还是与父母的影响有关。

妈妈说："孩子的话基本是我原来经常对他说的，我总是说好的开始是成功的一半；还经常和他算时间，让他想想时间是怎么浪费的。而且我面对他写作业慢很不淡定，会说就这么几页作业，怎么写这么久，应该早就写完了吧。现在虽然嘴上说'很正常，没什么'，心里却在想，赶紧的吧，都几点了！看来我的这些想法都深深地影响了孩子。"

有的孩子不顺利时，就容易着急、发脾气，显得敏感脆弱。比如题目不会写、作业多、考试成绩不好，都会发脾气；玩游戏输了，也会着急、发脾气……这往往是因为夸大了不顺利的影响，平时需要多向孩子渗透三种思维（坏事变好事；很正常，没什么；对结果顺其自然）。

儿子以前好强，追求完美。每当打游戏输了或者同伴没配合好，就会很生气，大发脾气。维尼老师建议我经常和孩子渗透三种思维模式。我在平常和孩子深入分析过几次为什么这些事情"很正常，没什么"，孩子认可了我的说法。之后，在他玩游戏时，我会简单地提醒他，输了、同伴没配合好很正常，没什么。我的态度也是轻松的。效果真的不错，过了一段时间，再遇到这种情况他就不那么急躁和生气了。

关于三种思维以及如何淡定应对考试成绩等内容，可参考笔者的《顺应心理，孩子更合作》。

当然，想改变孩子的性格，父母首先要学习和运用三种思维，学会淡定从容。这样，即使不说什么，也能在举手投足之间，通过淡定的语气和神态影响孩子。否则，父母自己就经常着急、焦虑，怎么能改变孩子呢？

父母的心理成长，请参考笔者的《内心的重建》。

第三节　孩子发脾气可能是有原因的

孩子发脾气，有时是因为父母的做法不合理。

我女儿上初三，最近常常对妈妈发脾气。其实妈妈脾气本来还是不错的，但是操心得太多，且对孩子有些不满意，所以管得就有些多，而且常常带着情绪。我作为旁观者听着都觉得有些难受，难怪女儿会发火呢。妈妈倒是比较明智，如果女儿发火了一般也就忍下来，没有继续和孩子吵。而我则比较淡定、宽容些，语气一般也是柔和的，所以，和女儿说话她一般不大冲我发火。不过，明显可以看出，与小学以及刚上初中时比，女儿很不一样了，父母需要小心谨慎一些，否则容易引起孩子发火。

有一个普遍现象，与爸爸相比，孩子更容易对妈妈发火。为什么会这样？可能是因为妈妈对很多事情看得比较重，太执着，所以管得多，情绪还不好。而爸爸通常觉得很多事情是无所谓的，顺其自然就好，所以管得少，情绪也会平稳些。

和孩子说话，方式也很重要。

儿子下载了一款游戏，内容不是很健康。我说这个游戏污秽，建议他卸载。孩子很生气，不过经过沟通他最终还是删掉了游戏。事后他说："妈妈，如果你刚才能用委婉的语言跟我沟通，我是不会生气的。你那样说，好像我就是不学好，不可救药了一样，所以我不会接受，我会生气。"

如果父母强制，孩子就容易发脾气。

女儿不太喜欢做数学作业，周末她还有六道数学错题没有订正，我和女儿说好了，等晚上订正完再看电视。到了晚上，她订正完四道之后就有些烦躁，不想订正了，想看电视。我觉得说好的事情必须遵守，所以坚持让她做完。她说不订正也没关系，老师不检查。我说不行，必须做完。她很烦躁，冲我大发脾气，还说童年这么痛苦，爸爸妈妈管得这么多。

孩子本来就不太喜欢做数学作业，再加上已经烦躁，不想订正可以理解。此时不妨灵活一些，先看电视，等情绪平静了，再订正也可以的。如果还是不订正，也可以放低要求，毕竟学习是她自己的事情，强按牛头不喝水。为此让孩子发脾气，影响亲子关系，得不偿失。

有时孩子因为一件小事就发脾气，往往是因为心中已经积累了不少怨气、不满。

哥嫂对我很关爱，我儿子就像他们的孩子一样，哥嫂舍得打舍得训。儿子上初中后，他舅妈看他的数学欠佳，就辅导他数学。孩子的数学成绩上升，我们都乐在心里。我奶奶过生日时，家里人都在，儿子和他表妹闹，表妹不愿意了，舅妈就训了儿子。儿子大发雷霆，说再也不去舅妈家了。我真的想不通，不就是一句话吗，儿子怎么发那么大火？维尼老师说这是因为儿子对舅妈的成见所致，那句话不过是导火索。想想确实是这样的，舅妈对我儿子的要求较高，有时候会训他。儿子对舅妈既敬又怕，也积累了一些不满。所以，舅妈当众训他，勾起了他以前的记忆，就让他很愤怒。

所以，当孩子发脾气时，不要觉得莫名其妙、不可理喻。多反思一下，是不是自己的言行有不妥之处。

第四节　压力之下情绪容易不稳定

　　中学的学习任务重，竞争压力大，老师、家长、孩子都容易焦虑，孩子常常会因此而发脾气。

　　一名初一女生，成绩很好，但是经常不开心、发脾气。妈妈搞不清原因，孩子也不肯说。后来，我建议妈妈先顺着孩子来，处理好亲子关系，再慢慢去沟通，孩子终于逐渐吐露了心声。

　　孩子的情绪大多与学校学习有关。升入初中后，孩子原本以为读书像小学一样轻松，结果难度却加大了许多，不容易像以前一样保持领先了，心理压力自然大了。另外，学习压力大，作业多，经常做到很晚，这也让她觉得烦，再加上最近换了老师，她不大习惯，有些郁闷……孩子情绪不好，遇到什么事情自然就爱发脾气。

　　当然，孩子情绪不好与父母也有关系，比如爸爸不理解她，有时会说她太多，妈妈的情绪也会影响孩子……另外，孩子自己也敏感，妈妈一批评就生气，不愿意沟通。

　　所以，我建议妈妈多体谅孩子的不易，适时地帮助孩子学习，减轻负担，至少让孩子感觉到妈妈的理解和支持。同时，慢慢开导孩子，放下对成绩的过度执着。妈妈学会沟通的方法，孩子有什么苦闷也会愿意和妈妈倾诉。同时，这段艰难的时期，妈妈也需要小心翼翼，格外关注孩子的感受。妈妈按照我的建议去做了，慢慢地，孩子各方面的情况有了好转。

来自老师的压力对孩子的影响也比较大。

有段时间，孩子遇到不会做的题目或者成绩不好时，就常常发脾气。其实我也没有给她压力啊，一直跟她强调努力了就好，成绩顺其自然，没关系。她本来也不是那么争强好胜，为什么现在变得这么脆弱呢？后来发现原来是新来的班主任常常给孩子励志，强调一定要努力考入好的高中，考不上会如何如何，如果成绩不好就说明不努力。孩子听进去了，所以很在意成绩，自然就敏感脆弱了。后来我慢慢给孩子减压，在她平静的时候和她聊天，告诉她老师说的并不完全对。过了两三个月，她逐渐淡定下来，不再因此而发脾气了。

第五节　孩子发脾气，父母应该怎么办

孩子发脾气，父母首先要理解接纳：孩子发脾气都是有原因的，可能还是父母引起的。之后可以顺应、安慰孩子，也可以冷处理，等待孩子情绪平静了，再找机会和孩子沟通。

早上，儿子本来打算跟着爸爸去看望爷爷奶奶，但是因为其他亲戚也想跟车去，没位置了，所以爸爸没让儿子去。儿子满脸不高兴，一脚踢翻了一张板凳，眼含泪水："我想去奶奶家，爸爸却总是想着别人，不顾我和妈妈，太可恶……"

我理解孩子的感受，便心情平静地先理解孩子："爸爸这次确实做得不好。妈妈知道你想去看望爷爷奶奶，所以特别珍惜这次机会。回来我要好好说说爸爸。"

后来陪着他发泄了一通，我也安慰他，坏事变好事，没去爷爷家，有时间写作业，也能安心玩会儿游戏。他的情绪慢慢平稳下来，去写作业了。

孩子发脾气了，有时需要先多顺着孩子。

※ 初三快开学了，女儿担心明年中考考不好，说有几个科目想

起来就头痛。我当时没有想到给她减压，只是随口说了一句："你尽力吧。"孩子的情绪立马就不好了，之后看什么都不顺眼，东也不对，西也不对，去买冰激凌也是挑挑拣拣的。我想起维尼老师和我说的，要理解孩子的感受，她情绪不好才会这样，所以一直顺应孩子的要求，耐心地陪伴孩子。后来孩子慢慢好了，晚上睡觉前也把手机交给了我。以前别人总是和我说，遇到这种情况不要理孩子，省得惯出毛病。但是我以前就是这样做的，亲子关系越来越差，最后难以收拾。后来按照维尼老师提倡的顺应的方法，孩子才和我慢慢好了起来。

※今天和孩子一起出门，我抽了一支烟，烟气呛到了孩子。孩子很生气，冲我发火，说早就和我说不要抽烟了，对肺不好，我却不愿意听。看到他在气头上，我就没有和他多说。回家后，我首先理解、肯定他，他也是为了我的健康着急。等他平静后，我才严肃地和他说，我毕竟是爸爸，还是要尊重的，这样发火是不应该的。孩子和我道了歉。以前我总在孩子面前讲爸爸的威严，最近由于孩子出现了严重的情绪问题，咨询了维尼老师之后，我学着多顺应孩子，温和地对他。一开始孩子有些反弹，常常对我发脾气，我一直温和地对待他，慢慢地他好多了，亲子关系也更亲近了。所以，等他冷静了再严肃地谈一些事情，他也愿意听了。

对孩子的脾气，一般不要去压制，孩子宣泄出来比闷在心里要好得多。如果不发泄出来，可能一两小时甚至更久都不能平静，对心理也是种扭曲。

另外，孩子发脾气时，父母就不要去较真了，等孩子情绪平静之后再说。较真一般只能火上浇油，让孩子的脾气更大。

冷处理是需要的，但不要冷暴力。冷处理是不去打扰孩子，等待孩子情绪平静，平静了再找机会和孩子交流；而冷暴力是故意不理睬孩子，给孩子脸色看，是一种无声的惩罚，目的是借机让孩子尝尝厉害。冷处理会缓和关系，冷暴力会使关系紧张。

实例：孩子的脾气越来越好了

我儿子今年上初二，他从小就让人比较头疼，而我比较追求完美，对孩子的各种问题一直焦虑，唠叨、指责多，鼓励和肯定少。

孩子从初一下学期开始，明显和以前不同了。以前孩子虽然生气，但还是听我的话的，也不会和我顶嘴。但今年我们之间发生了很多次冲突，气头上孩子的语言和行为都非常过激，当然我也控制不住自己。事后，孩子会认识到自己的错误，但是他不会像小学时那样道歉，都是我问他做得对不对，他才认错，而且经常要为自己辩解，解释自己为什么会那样做，言外之意就是因为我的行为，他才会那样的。这些冲突严重影响了我们的关系，当然也直接影响了孩子对待学习的态度。

孩子到了青春期，会发生一些变化：以前不敢顶嘴，现在敢于和父母争吵了，甚至吵得很厉害；以前会很快认错或道歉，现在如果觉得自己没错，或者认为父母错了，就不想道歉。

其实孩子的辩解也是有道理的。我发现大部分情况确实是因为爸爸妈妈处理得不当，才引起孩子生气进而争吵的。在孩子生气之后，爸爸妈妈处理的方式也有问题，比如保持沉默会让孩子觉得爸爸妈妈不理他，从而进一步让孩子感到无奈而生气。

意识到问题的严重性之后，我决定在维尼老师这里做长期咨询。我和维尼老师讨论了一些和孩子发生冲突的具体事例之后，才发现原来是我自己的做法导致了冲突，让孩子发脾气。

我曾经给孩子报过网上课程。上了一两次后，我发现孩子经常在老师讲课时通过小窗和同学聊天，我要求孩子马上停止，却遭到拒绝。我就联系老师，让他们全员禁言。后来孩子知道是我告的状，火冒三丈，对我大声吼叫，说我是"疯子家长"。我气得摔门而出，在楼下偷偷落泪，委屈不已。

维尼老师说，虽然我是为了孩子的学习，但是网上课程中孩子们偶尔聊天也是常见的，引导孩子不要聊得太多就可以了。让老师要求全员禁言，如果让同学知道了，会让孩子觉得没面子，生气是正常的。维尼老师建议对青春期的孩子不要过度控制，要多关注孩子的感受。孩子这个时期特别爱面子，家长不能像以前一样再把他当小孩子，总用自己的标准去判断对错是非了。

　　有时是我自己的认知有问题。比如孩子写的作业潦草，老师给我看了另外几个同学的作业，真像印刷的一样。我认为写作业不认真代表孩子学习态度不认真，所以会生气发火。孩子解释说作业那么多，写得快，才能做得完，而且考试时他会认真写的。

　　维尼老师认为孩子说得也有道理，现在初中孩子的作业确实很多，特别认真地书写的确可能写不完，写得潦草也不代表学习态度不好。在理解了之后可以和孩子提出可行的要求，比如数学作业还是要写得认真些，这样计算也不容易出错。另外，还可以引导孩子体验行为的结果。孩子考试虽然比平常写得认真些，但还是有些潦草，比如这次数学考试有道题目本来做对了，却被扣了六分，就可能因为步骤写得看不清楚。孩子都是想学好的，通过体验结果让他纠正，效果会更好些。

　　有一次，我因为一件事情生气了，批评他，冲他发了火。结果孩子暴怒，像发了疯一样冲我大吼大叫。我心想孩子怎么能这样呢，很伤心。

　　维尼老师说，可以感受一下，孩子发火时你心里是什么感觉，是不是有些烦躁、难受，要发火才舒服？其实当你发火时，孩子的感受也是一样的，你的情绪会直接影响他，让他发火。其实小时候孩子也是这样，只是他当时害怕妈妈不敢反抗而已。因此，和孩子交流时，要先调节好自己的情绪，避免自己先发火，这样才能缓和孩子的脾气。

还有一次，孩子和我争执一件事情，结果他发脾气了，闹得很不愉快。维尼老师说，人在有情绪时都是不理性的，辩论也没什么结果，所以如果孩子已经有情绪了，就不必非要争出谁对谁错来，不如等双方平静下来再找机会说这件事情。孩子已经急了，就不要再火上浇油，更不要想用更大的火气去压制住他，孩子到了青春期，常常是不吃这一套的。

有些事情维尼老师建议采用合理的方式去应对，这样才能减少双方的冲突和火气。孩子喜欢玩游戏（不算上瘾），我以前怕影响了学习，所以和孩子约定了时间。到时间了我就觉得他应该说话算数，马上停下来，往往一秒钟也不想等，所以经常因此大吵一场，结果是玩也没玩好，学也没学好。现在我学会了有弹性地执行规则，提前和孩子商量好玩的时间，有时时间到了，一局还没结束，就延迟几分钟，没什么大不了的。慢慢地，孩子知道我理解他了，也会投桃报李，不再有过分的要求。总之，亲子关系好了，一切都好说。

有时沟通的方式很重要，不是孩子不讲理，是我们沟通的方式有问题。暑假刚开始，孩子就以作业太多为由，不愿意动笔写。我认为是孩子的态度有问题，故意逃避学习，就开始吼他，两人吵了一上午，什么都没干成，时间全都浪费了。维尼老师建议我先理解、肯定孩子（作业确实很多，孩子也很辛苦），等他情绪平静下来，再提出自己的建议。我理解了孩子之后，他对作业好像不那么烦躁了，也听取了我的建议，慢慢开始写了。

另外，维尼老师建议我改变沟通方式，可以哄哄孩子，不必老是一本正经，开开玩笑很容易化解冲突。实践证明，孩子生气时我如果能笑嘻嘻地缓和一下，甚至卖个萌，他的气就消得快，也不好意思继续生气了。

孩子爱钻牛角尖，固执己见。维尼老师说我们灵活、好商量，孩子就会好商量；我们坚持己见、太固执，孩子也会钻牛角尖、固执。这一方面是身教的影响，另一方面孩子如果不坚持己见，不和我闹，我可能也不会答应他的要求，所以他不得不这么做。想想的确如此。我自己一直以来都很固执，认死理，很多事情不会变通，这种性格不但让自己痛苦，时间久了，导致孩子也学会了固执。想想不可能要求他像我当年一样自觉努力，毕竟每个人都是不同的，时代也不同了。接受了这一点，我对孩子的很多行为就释然了，也不那么固执了。另外，维尼老师所说的"坏事变好事""很正常，没什么""对结果顺其自然"三种思维，也让我放下了不少事情，觉得没有必要跟自己过不去。我自己的观念改变了，这种淡定的思维模式也逐渐渗透给了孩子。他慢慢感受到我的变化，发现好好商量就可以满足自己的要求，所以不那么固执和钻牛角尖了。

通过这段时间的咨询，我和孩子的关系改善了很多，虽然偶尔还会发生冲突，但我会有意识地控制自己，提醒自己，或事后反思，避免下次再犯。

前不久的国庆假期，我一大早就出去听讲座。孩子在家睡觉，起床后发现我不在家，看到一大堆作业，更加烦躁，就给我打电话抱怨。我接到电话就想发火，觉得自己为了孩子睡不成懒觉，辛辛苦苦去听教育讲座，可孩子一点儿都不领情。不但做不到自己学习，连作业都不想做。虽然心里一再提醒自己，最后我还是在电话中和孩子大吵了一架。回家的路上，我自己反省了一下，想到终究还是要解决问题。回到家后，平心静气地听孩子诉说完他的不满。原来他给我打电话只是想找人诉说一下，希望我能安慰他。正巧他的MP3丢了，写那些重复性作业的时候不能听音乐了，因此他很烦躁，不知怎样才能解决这个问题，可还没来得及跟我说，我就劈头盖脸和他一顿吵，他也很委屈。得知这些后，我迅速回想了一下维尼老师提醒我的那些做法，先给孩子以理解，对他要写那么多作业表示同情，并答应他再买一个MP3，这样可以缓解做重复性作业的枯燥。之前吵成一团的母子马上和解，什么事也没有了，孩子乖乖去写作业了。

通过这件事情，我也发现，几十年的思维模式要改起来真的很难，但也不是改不了，维尼老师建议我每天反思一下自己的行为。现在我会经常反省，特别是发生了一些冲突（不仅限于和孩子，也有和家人、同事、朋友之间的）后。以前我即使知道自己错了，也不愿意承认，采取逃避的态度，现在会习惯性地问一下自己，刚才那么做真的合适吗？有没有需要改善的地方？有没有考虑对方的感受？还经常会和闺密讨论分析一下具体的细节，记下经验教训，日后共勉。

与孩子一起度过青春期，也是自己成长的过程，希望我能更幸福地和孩子一起成长。

第八章

父母如何调节自己的情绪

家庭教育，需要改变的不仅仅是孩子，更是父母。父母的情绪非常重要，情绪好，才能理性从容；情绪不好，就很容易把事情搞得一团糟。

第一节　改变孩子，先调节好自己的情绪

有时不明白，为什么一个对同事脾气好的人，在孩子面前会那么可怕？是不是爱之深，责之切？

到了青春期，父母的情绪调节显得更加重要。如果父母常常焦虑、烦躁、生气，那么会对孩子产生很多负面的影响。首先，情绪是会传染的，能直接影响孩子的情绪，加大压力，导致孩子情绪失控；其次，和孩子相处难以理性，容易引起孩子的反感和反抗，引发冲突，破坏亲子关系。所以，父母想在教育中发挥好的作用，首先就要学会调节自己的情绪。

当我先改变自己，不再去埋怨老公指责孩子时，他们感受到了我的改变，慢慢有了一些转变。家里的气氛越来越好，沟通交流也顺畅不少，感觉进入了良性循环。

通过这段时间的改变，我深深体会到作为妈妈，调节好自己的情绪有多么重要！以前我容易急躁、焦虑，结果孩子不让我陪，关上门不让我进，还说我有病。当然，这是气话，但孩子为什么会这么说呢？还是因为我惹急了他。现在我心态好了，平静了，孩子有时会主动要求我去陪他一会儿。

以前我着急、催促，孩子不高兴、烦躁，结果作业往往写到很晚。现在我学会了顺应孩子，虽然他还是熬夜，但情绪还不错，高高兴兴地写完作业。

有一天有支笔孩子找不到了，其实现在用不着，但他很想找到。以前我会觉得他这样是耽误时间，火冒三丈，而孩子则会固执地非要找到，爸爸看到了也着急，会对他进行思想教育，孩子烦躁，久久不能平静，就会怪我耽误他写作业的时间。现在我从维尼老师这里学习到，首先要理解孩子，孩子想找到笔是正常的，如果换作我，东西找不到也会觉得不舒服的。维尼老师不是说百分之八十满意原则吗？完美是不可能的，暂时耽误一点儿时间，没什么大不了的。改变了认知，我就平静下来了，先陪他一起找。有人帮忙，他就不急了，我再温和地劝他：想找的时候找不到，不想找的时候就出现了，反正丢不了。他一想也是，很快释然了，就平静地去写作业了。

　　现在和孩子关系好了，即使稍微有点儿强制也没关系。比如有一次他从卫生间出来就趴床上了，我一看不行啊，就拉他起来了，他没生气，高高兴兴就去写作业了！孩子有惰性也是正常的，所以还需要我们的推动啊。

　　孩子一直不大想完成暑假作业，所以临近开学一直在赶作业，气急败坏的，一直唉声叹气，嘴巴里还嘟囔着，活着有什么意思，死了算了。开学前一天晚上孩子弄到凌晨2点多，终于把作业全搞定了。

　　在这个过程中我没有像以前一样怪孩子，孩子也开开心心返校了。我心里不烦躁，顺应孩子，家里的气氛真的好了很多。

第二节　百分之八十满意原则

一位高中生的爸爸问我："怎么样才能激发孩子的最大潜力？"

这是父母普遍的想法——总想做到最好，让孩子达到最佳状态。但是到了中学这种想法越来越不可行，一是孩子越来越难以改变，二是中学的压力太大，追求最佳状态就有些像走钢丝，稍不注意就容易出问题，甚至是大问题。所以，总想挖掘孩子的最大潜力，什么都要孩子做到最佳就意味着风险，还是留有余地比较稳健可靠。

一位初三男孩的妈妈这样说。

我在外面挺通情达理的，也有同理心。在我的企业里，看到员工犯错，我一般不会当面批评，而是回头反思自己有无问题，是否因为管理流程存在问题才导致员工犯错误？但是对孩子则不同，我整天和孩子生气，整天吵，想控制都控制不了，不知是为什么？

探寻这位妈妈情绪背后的习惯性思维，发现她总想给孩子最好的，担心做错了会给孩子带来不好的影响，这样自然容易焦虑、急躁，不惜争吵也要让孩子改变。但是，实际上不但孩子没有多少改变，亲子关系还越来越差。

这位妈妈追求最好的结果，孩子的成绩却是还不及格。所以，孩子平常的行为、效率能有百分之八十的满意度就很不错了，父母降低了要求，心就会静下来，减少了内耗，孩子反而会更好一些。

到了中学，有些父母听说有一些学霸孩子能很专心地学习，坐在那里一动不动，时间利用得很好，效率很高，所以，就认为自己的孩子也该如此，特别重视学习的效率和时间的利用。

这种学霸孩子自然也是有的，不过，对大多数孩子而言，在家里学习不可能效率那么高、不可能那么专心。

如果父母期望孩子效率很高，那么就容易急躁、发火，发生冲突，孩子久久不能平静，本身就是浪费时间，还破坏了亲子关系。如果知道孩子能有百分之八十的效率就不错了，那么父母的心情自然会淡定些，看到孩子"磨蹭"也不那么着急，就不容易发生冲突，督促一下，孩子还会听。

第三节　学会三种思维，练就淡定心态

要调节情绪，转变认知是关键。让父母焦虑的不是事情本身，而是对事情的认知。

一位妈妈说经常被儿子气哭。我仔细分析了一下，其实她是被自己的看法、认知气哭的。孩子晚上拿着席子到妈妈房间来睡地铺，妈妈担心孩子不够独立，有恋母情结，赶孩子出去，结果吵起来了。其实，这是自寻烦恼。孩子没有及时入睡，她也急得要哭，其实孩子晚睡一会儿，又有什么大不了的呢？孩子有时会让妈妈帮忙，妈妈就认为孩子依赖，其实父母和孩子一起生活的时间没几年了，帮着孩子干点儿又能怎么样呢？

所以，父母要调节自己的情绪，关键是要改变对于事情的认知。而我提倡的三种思维（坏事变好事；很正常，没什么；对结果顺其自然）是缓解焦虑、担忧的比较通用的有效方法。

一个孩子的爸爸和妈妈从遥远的地方专程来到青岛，我们在一家咖啡馆见面，焦虑和忧虑写在爸爸的脸上。是啊，孩子的状况听起来的确是让人揪心。孩子上高一，太敏感、执着，从普通班转到实验班之后难以适应，暴露出不少心理问题，有了一些强迫的迹象，情绪也时常低落，最近已经有几天不能上学了。

　　面对孩子的问题，父母首先要调整好自己的心态。我建议父母用三种思维重新看待这些问题。首先，坏事变好事。孩子的问题暴露出爸爸教育中的许多问题，这是以前爸爸没有意识到的。现在爸爸及时转变，多加陪伴，应该会部分弥补以前的缺憾。而且孩子的问题出现得越早，对孩子越好，因为时间越久，问题越根深蒂固，解决起来越困难。其次，很正常，没什么。孩子的问题虽然让人遗憾，但只要按照合理的理念去应对，也是可以逐渐好转的，最多休学一年，专门用来休养，耽误一年的时间也是值得的。最后，对结果顺其自然。出现这样的状况也是无奈的，只能接纳，努力之后对结果顺其自然就可以了。

　　用新的角度重新看待孩子的问题，感觉就不一样了，爸爸的神色看起来就不那么焦虑和沉重了。

第四节　六字箴言:"很正常，没什么"

在三种思维中，"很正常，没什么"用得最广泛。这六个字很简单，却是调节情绪的"六字箴言"。学会理解孩子，知道孩子的表现可能很正常，没什么，父母的心情就会平静下来。

※ 有一天，到了晚上 12 点，女儿才把作业做完，收拾好书包准备睡觉。说实话，我心里有一点儿着急。这时，女儿问妈妈在哪里，我心想，你操什么心呢，还不赶紧睡觉。不过再一想，她这样很正常，没什么，难道还不能问吗？所以我就回应了她。她已经躺下了，又想起来明天要多扎一根皮筋，要把皮筋准备好。我心想，又耽误睡觉时间……不过她的想法很正常，明天起来可能会忘，先准备好也是对的，其实也没什么，晚睡就晚睡一会儿吧。她突然又想起什么事情要和我说几句，哎，再晚几分钟就晚几分钟吧，没有什么大不了的，如果我非不让她说，她憋着也难受，不是吗？

※ 一个周六的晚上，我和孩子约定游戏可以玩到 7 点，到了 7 点他不肯停下来，我说，我们说好的 7 点，为什么说话不算数呢？他说:"我没听到你说到 7 点。"以前我会很生气，去较真我到底有没有说过，但是现在我知道理解孩子很重要。孩子没有认真听大人

的话，所以没听到或者没有听清楚是正常的；即使听到了，到了时间不想马上停，也是正常的，不必在这方面较真。以后和孩子商量好时间，双方没有异议，执行的时候有些弹性就可以了。

※女儿住校，有一次周末回来，返校时有一件衣服找不到了，让我帮忙找。我告诉她就在那个柜子里，让她再好好找找。过了一会儿，她又哼哼唧唧说找不到，我就想怎么就找不到呢，肯定是没好好去找，赖着我去帮忙，所以心里有气就没搭理她。后来女儿不高兴了，开始怪我不肯帮她。我更不高兴，说话语气重了些，数落她找件衣服也要依靠我，一来二去我俩就闹得不愉快了。记得那天女儿是阴沉着脸去学校的，爸爸送她走时她都没有和我打个招呼。

过了两三天，班主任老师打电话给我，询问孩子在家的情况，说这两天孩子情绪很不好。我如实说了那天发生的事，并附上我的理由："都这么大的孩子了，找个衣服还要我帮。"老师说："其实我觉得这也不是什么大的事情，小孩子嘛，有时比较依赖父母，或者想撒撒娇，这也正常。有时想一想，当孩子需要我们帮助时，帮一帮她又怎么了呢？又不费多少工夫，却让孩子感受到关心，不也挺好的吗？"老师的话和维尼老师的理念很相似，我认真地想了想，感觉很有道理。我请老师向她转达了我的歉意。老师说她其实也在为自己不好的态度而内疚，只是这个年龄的孩子不会轻易认错。后来我去接她时，她一看见我就咧开大嘴、嘿嘿傻笑着说："我以为你还在生气，不会来接我了呢。"我也笑着回她："多大个事啊，咱们娘儿俩还有啥过不去的坎儿吗？自家人，有点儿矛盾吵几句嘴都正常，我早忘了。"然后我们就一起愉快地回家了。

后来我发现女儿在一张字条上写着："我本来想做个好孩子的，是你逼我的，是你逼我叛逆。"我突然认识到孩子长大了，不能再用以前那种简单粗暴的方式对她。认识到自己的问题后，我不再像以前一样容易发火了，遇事尽量让自己冷静一点儿。当然，我有时也会"旧病复发"，好在事后我都会自我反思，进一步去理解孩子，看看孩子的表现是不是"很正常，没什么"的，继而调整自己的认知。我也会跟孩子道歉或沟通，尽量修复关系。我现在常想，如果为了一些小事情而和孩子有了隔阂，不再那么亲密无间，真的值得吗？

※儿子上高二，从小没睡过懒觉，放假后和同学出去玩，第二天早上8点了还不起，要是以前，我早就狮子吼了，但学习了维尼老师的理念之后，我虽然心里翻腾着，但还是劝自己：孩子偶尔晚起一次"很正常，没什么"。这是放假，孩子在校5点多就起床了，家是什么？家是自由、放松的地方，再过几年你想让孩子在家睡懒觉也没机会了。后来儿子9点30分才起，起来后我告诉他饭都热着呢，并嘱咐他饭后把碗洗了。要是以前儿子不会情愿去洗碗，但这次他可能知道自己起晚了有些过意不去，所以没说什么就去洗了。

※临近期中考试，女儿复习完之后快半夜12点了。我有些着

急，催她赶紧睡觉。她以前常常会找手机上的音频节目听着入睡，可是之后我去她房间时却发现她还在看小视频。我火了，这么晚怎么还在看视频！她有些委屈，说没看视频，是看最好的朋友发给她的消息。看来错怪她了，睡觉之前看看QQ有没有消息是正常的，朋友发的小视频想看看也是正常的，其实也耽误不了几分钟，所以也没什么大不了的，这样一想我的火气就消了，觉得自己刚才有些不冷静了。

第五节　学会接纳孩子

"接纳"这两个字，对于父母调节情绪很重要，但是做起来不容易。接纳孩子，最重要的是理解，知道哪些表现是很正常的，哪些问题是有原因的，理解了才能接纳。

另外，有些事情是难以改变的，或者改变需要一个很长的过程，所以，必须接纳，也只能接纳。

一名初一男生有些厌学，写作业不太积极。有一次他太瞌睡，晚上 8 点多说先睡一会儿，结果一觉睡到天亮，被爸爸叫醒，才想起一大堆作业没做。孩子心急火燎，抱怨作业多，说写不完了，着急、发火……

爸爸看到孩子这样，也很生气，开始埋怨孩子不抓紧时间，为什么不能像有些同学那样利用点滴时间写作业。

孩子本来就着急，爸爸这么一说就更急了，在那里哭闹，爸爸才意识到自己说得过分了。

其实向我咨询之后，孩子各方面已经有了一些进步，只是对学习、写作业的厌烦一时不能克服，目前他就是这样的，不能马上改变。所以，父母此时拿他和同学比较没有意义，还是要先接纳孩子，顺势而为，比如在孩子睡了一会儿之后把他叫起来，就不会发生这种事情了。

辅导孩子时，有时孩子不虚心，这虽然不大好，但是短期难以改变，如果当时就马上批评和纠正，孩子会烦躁、生气，辅导就难以进行下去。所以，不如先接纳、忽略，不去说什么，等待适当的时机再沟通。

如果压力大，孩子学习时会烦躁甚至发火，父母自然需要帮助他减少压力，但是一般不可能马上见效。如果当下孩子情绪还不稳定，那么父母最明智的做法就是接纳、冷处理，等待孩子平静下来。否则父母也生气发火，只能使孩子更加烦躁生气，久久不能平静。

孩子可能有各种习惯不让父母满意，比如周末睡懒觉、不爱收拾房间、桌面凌乱，有时可能还有一些强迫症状，或者有些小怪癖。这些都是短期内难以改变的，所以，只能先接纳，再慢慢想办法让孩子改进或放下。因为学习压力大，孩子本来就容易烦，如果父母经常因为这些事情指责孩子，就容易发生冲突。

临近地理和生物会考，孩子还需要我的辅导。我以前有时会对孩子发火，所以孩子抗拒我。最近我学会了接纳她，孩子情绪就好多了。

孩子有些题目想不出来，她的理解能力就是如此，想不出来是正常的，先接纳；孩子对纸张的平整过于在意，不想让我折，这个问题不可能马上改变，先接纳，按照孩子的意思来；孩子写错了，我说划掉重写，她想用修正带修正，虽然这会浪费时间，但这是她的习惯，先接纳；孩子因我在身边稍微有些紧张，这是我以前对她发火造成的，不能怪她，先接纳；题目做错了，孩子说先不改，明天上课老师讲时一起改，也可以，接纳；有些题目孩子想自己做，不用我陪着，那就接纳和尊重她的想法吧，非要去辅导会搞得不愉快，不值得。

接纳那些短期内不能改变的事情，会给家庭带来更多安宁。

第六节　改变永远来得及

由于学习压力大，父母和孩子都比较焦虑，又恰逢孩子青春期，家庭教育会出现各种问题，父母自然容易犯一些错误。

现在孩子的青春期和父母那个时代的不同，父母需要重新摸索如何教育孩子。而父母没有经历过，终究难以懂得，所以出问题、犯错误很正常。

我陪伴女儿度过青春期，也曾犯一些错误，也曾出现过一些问题。好在我能及时反省、纠正，和女儿一起成长。

所以，各位父母也不必过多懊悔自责，过去的就让它过去吧。先接纳自己，让心静下来，把精力放在觉察、反省、成长方面，做得越来越好就可以了。

如果父母犯的错误多、时间长，已经给孩子造成了伤害，后果也比较严重，那么是不是就不可逆转了呢？

改变总是来得及的，初中来得及，高中也来得及，即使孩子上了大学，只要父母开始改变自己，也都还是有机会的。

我平静下来，儿子有了进步；我再和老公交流，他也愿意接受并配合我了。以前我和老公是拧着的，和儿子也是拧着的，这太痛苦了。改变自己比改变别人简单。只要改变，什么时候都不晚。

这是一位大三女孩的妈妈的亲身经历。

往事不堪回首，想起来就心痛。孩子上高一后就郁郁寡欢，很少看到她笑，不愿意靠近人，学习跟不上了，心理也出了一些问题。后来她勉强上了大专，不上课、不复习，整天看动漫、看小说、睡觉。回家就锁上门，不和我们交流，离我们远远的。

到了大二暑假，我好不容易找到维尼老师，开始了咨询。以前我总担心孩子有什么严重的精神问题，但维尼老师肯定孩子是正常的，很多问题也都是正常的，可以理解，这让我的焦虑减少了很多。

维尼老师告诉我亲子关系最重要，很多事情先多顺应孩子，多发现孩子的优点。孩子爱写小说，我以前认为这是不务正业，现在我不批评了，还鼓励她写得好，她开始愿意给我们看了。孩子的道德意识其实挺强的，只是有点儿过头，比如厌恶作弊，对不公平现象很看不惯，虽然有点儿偏激，但也说明她还是对自己有要求的。暑假期间孩子晚上关上门看动漫、写小说常常到凌晨三四点，我也没有说她。爸爸出差，交代说晚上如果她玩得太晚就把网线拔掉，我也没有同意，因为她大了，这样做没有用。有一次我夜里被她吵醒，也没有让她赶紧睡觉，而是让她戴上耳机。早上她表哥来，我故意把她的门关好，就说夜里有蚊子她一夜没睡。那天中午我回到家发觉她特听话，身上的湿疹叫擦药就擦，以前她是不肯擦的。我顺势说总睡觉没意思，不如去参加社会实践，她说不想去，我跟她爸说，她不想去也就算了。慢慢地，我发现理解、尊重、顺应孩子确实是管用的，我们的关系比以前好多了。她的房门也不是总紧闭着的了，她也愿意跟我们交流了，我劝她早上起来吃饭，她也答应了。

我焦虑的心逐渐平静下来，过了不到一个月，亲子关系已经恢复到孩子小时候的状态，她喜欢在我跟前撒娇了。

她也知道熬夜不好，但还是控制不了自己。不过她干家务多了，晾衣服、拖地、盛饭等。有时我把菜准备好让她炒，以前老担心她不会，现在我会提醒她观察一下，试试，居然做得还不错。我现在发觉交流很简单，就是像维尼老师说的倾听和顺着说，经常肯定孩子说得对的地方，不对的地方我也不否定，开个玩笑就过去了。最近我还有重大发现——孩子还挺幽默的。我听了维尼老师的建议，早上叫孩子起床时，试着放音乐，然后再喊她起来吃饭，效果挺好。还有以前我对她的要求没有弹性，总觉得说话一定要算数，现在我不那么较真了，说好的事情她不做我也不多说，下次再提醒，慢慢地她也会做的。

以前我们没有关心孩子的心理，现在慢慢考虑孩子的感受，所以我们的关系越来越好，孩子也越来越趋向正常了。她经常会笑，和我们开心地谈话。我总说很正常，没什么，孩子也慢慢学会了，好多事情也能看开一些了。后来孩子打算和我一起去草原玩，不跟旅行社，她自己安排行程和买票，这种主动性以前是没有的。

虽然后来由于爸爸的急躁、训斥、发火让女儿有了多次反复，但是我想这也正常，也是命运的一部分，慢慢来吧，所以也不怎么焦虑了。现在我很喜欢和她在一起，交流越来越多，虽然有时不能理解她的想法，但也尽量去倾听，顺着她说。

暑假之后孩子去上学了，我经常发信息鼓励她，她渐渐开始正常上课了，也开始运动了。她对零花钱的要求我尽量满足，她却自己主动提出不乱花钱了，而我根本没有提过这样的要求。后来她因为经常晚睡的事情和舍友有了严重矛盾，而且闹得很大。我们想去帮助调解，她却不让我们参与，说要自己处理，所以我们就没去。最后她自己处理得不错，而且从此之后睡得不那么晚了，还按时上课。后来我去看她，老师表扬她最近表现很好。就这一句话，我激动得差点儿哭了。

维尼老师陪我走过了这一年，其中的曲折、艰辛他很清楚，他能理解我，说很佩服我的坚持。其实这没什么，我以前没有找到方法，痛苦、焦虑、迷茫，现在有了指路的明灯，有了方向，虽然艰难曲折也要坚持，我还要继续努力，因为我是母亲。

现在女儿一天天在进步，我和老师都感觉到了。女儿脸上有了灿烂的笑容，也能好好同我说话聊天了，不再把自己一个人关在房间里上网了。大三的这个暑假她能主动安排时间学习和帮助做家务了，即使偶尔熬夜放纵一下自己，也会先同我商量、打个招呼，虽然与我原来的目标和希望还有差距，但我感觉已经很高兴了。

　　回想这一年多走过的路，我觉得首先要调整好自己的心态和情绪，方法就是学会理解孩子，改变自己对孩子问题的认知。这样不急不气，再和孩子沟通、交流，语气和语言也就容易让孩子接受了。面对分歧，如果父母能运用"先说好，再说不""规则的执行有弹性"，就容易和孩子和平共处了。另外，要充分理解、尊重孩子的决定，比如我想带孩子一起出去做客，会告诉她去的原因，然后由她自己决定去不去。这样让孩子感觉到能自己做主，孩子自然会有主动性，也感觉到在家里舒服，和我们相处舒服。这样，亲子关系自然就好了。

　　我会更好地运用维尼老师的理念陪伴女儿的，相信未来会更好！我把这份喜悦告诉维尼老师，是希望老师能更坚定地帮助更多人。

第七节　慢慢等待改善

　　孩子到了青春期，如果亲子关系不太好，孩子不肯合作，那么改变往往需要慢慢来。有了这样的心理准备，父母才能耐心等待。

　　有一位准初三男生的妈妈向我咨询。一年前妈妈不懂教育，把儿子的手机砸了，儿子一直与妈妈对抗，沟通困难。妈妈读了《顺应心理，孩子更合作》之后若有所悟，不大冲孩子着急生气了。但是，有些问题她还是不知道如何处理，所以寻求我的帮助。

　　孩子刚放暑假，想在假期好好玩个够，不想学习。我给妈妈推荐了几个可行的方法，但是孩子都不接受。孩子提出先好好玩三天，自己管理手机，觉也睡个够，至于学习计划、手机管理、规律作息，三天后再说。

　　妈妈：维尼老师，您说过，孩子都想好，都想与父母好，我相信他。不过心里还是有些忐忑，这个暑假能愉快地度过吗？

　　维尼：孩子紧张了一个学期，想痛快玩几天可以理解，要求也算合理，先放纵三天，之后再正常生活、学习也可以。

三天后

　　妈妈：儿子今天上午学习了一个半小时，但是之后一直在看手机。让他去锻炼也不同意，不知道怎么去改变他。

维尼：孩子已经开始写作业，玩手机也算有所控制，只要有进步就可以，不可能一步到位。看来孩子还是能够慢慢改变的。网课、体能训练计划慢慢想办法，等待时机。

两周后

妈妈：上次咨询到现在两周了，我坚持顺应心理，理解包容他，亲子关系在慢慢变好。

孩子不爱运动，爸爸用了奖励的方式，暂时坚持得还行。您建议让孩子多听古诗古文有助于背诵，我也找机会在他的房间播放。用了奖励的方式，他现在也学习了一部分网课了。现在亲子关系好了，他也不是那么敏感和逆反了。奖励的方式可以用吗？

维尼：奖励对推动孩子开始去做某件事是有作用的，经过一段时间之后，孩子可能体验到学习或锻炼其实不那么烦人，也慢慢养成了习惯，就会有自觉性了。

你现在心态好了，静能生慧，就能自己想出一些方法来帮助孩子，这很不错。

三周后

妈妈：儿子晚上把手机交给我并关机了，但我突然发现他的QQ在线，问他是否有另一部手机，儿子否认，但我们都怀疑他有另一部手机，这事我该怎么办？

维尼：首先调整自己的心态，即使孩子真有另外一部手机，也是可以理解的，所以不必责怪他，现在亲子关系不错，可以温和、放松地与他交流这件事情。

"手机事件"发生两天后

妈妈：理解了孩子之后再处理问题，感觉很轻松。我看到孩子QQ在线之后，夜里两次叫他起来，我说，儿子，我感觉你另有部手机（儿子否认），我说即使有也没什么，很正常，只是如果每晚都让你玩两小时都不够，你还在夜里偷偷玩，那可能你玩游戏成瘾了，需要爸妈帮助你控制了。其实玩游戏成瘾其实也没什么大不了的，我们陪你一起努力克服。

有了理解，我的态度、语气都比较温和，孩子也没生气，虽然不肯承认，但还是比较合作的。要是以前肯定会因此爆发大的冲突，现在这样真是太好了！

维尼：循序渐进，慢慢来。等亲子关系好了，有些问题就可以"管"了，只是现在的"管"和以前的管大不一样。

"手机事件"发生一周后

妈妈：今天我和儿子发生了激烈的冲突，因为手机使用时间长和做作业少的问题，我处理得不好，有些急了。不过，他上课回来之后好像没事一样。

维尼：关系好转之后，即使有时父母处理得不太好，孩子也不像以前那么介意。他可能会比较快地原谅你，也可能会在心里有些自责，反省自己的问题。

又过几天

妈妈：假期过去一半了，孩子玩游戏说好一天一两小时，时间越拖越久，做作业也比较被动。不过，这个假期的总体情况比他平常周末回家要好多了。

今天，我和儿子谈了，我说："你想利用假期好好玩玩电子产品，这我也能理解，你也挺辛苦的，不过呢，还是要合理一些……"跟您学习，先理解和肯定他，再给他提建议，最后他同意不看电视，多做作业。虽然我知道执行起来不会那么顺利，但是现在确实能沟通了。我说这些他也不大抗拒，能听得进去了。

维尼：慢慢来吧，改变不是一朝一夕的事情，每天有一些进步就好，毕竟，以前我们欠了那么多家庭教育的功课。

开学后

妈妈：假期结束，儿子上学一周了，我昨天分别问了问各科老师孩子的上课状态，老师们都反映说还可以，只是偶尔有点儿管不住自己。不过老师们说，如果保持这个状态，会很好的。

今天放假回来，儿子整个人的精神状态挺好的，与我们的交流也多了些。希望他慢慢地找回自己，充实自己！我和他约好下周起，回来做完作业，周六可以玩一小时的游戏，他也接受了。

假期里用钱激励他学习和运动，本来担心他以后做什么都要用钱交换，结果发现这担忧是多余的，他反而对钱没那么在乎了。

维尼：祝贺！虽然开始感觉进步慢一些，但坚持两个月之后孩子的进步还不小。

第八节 放下过度的执着

教育孩子，需要一定的执着，需要和孩子一起去努力，但是过度执着，就是痛苦、焦虑的开始，反而会成为阻碍。

尤其孩子到了青春期，改变越来越难，父母过度执着不但使自己痛苦，还会加大孩子的压力，引发冲突，破坏亲子关系。

所以，放下过度的执着，努力之后顺其自然，这种教育理念在青春期更重要。前面讲到了放下对学习过度的执着，在其他方面也需要如此。

举一个收拾房间的例子。

很多人很重视孩子的房间和桌面的整洁。这自然是有一定道理的，至少整洁的环境看起来赏心悦目，另外，环境好，也能让人心静，对于认真学习好像也有些帮助。

但是，保持整洁的习惯并不是那么容易养成的，有的父母很努力地培养，但是孩子还是懒得收拾。所以，很多父母很纠结，也常常因此和孩子发生不愉快。

很多父母为什么这么执着，就是因为放大了整洁对孩子发展的好处。其实，事情都是有利有弊的，整洁虽然好，但是如果太讲究了，可能就成了强迫症，也很糟糕。另外，你知道马克·扎克伯格、阿尔伯特·爱因斯坦、马克·吐温、图灵的房间都有什么共同点吗？那就是桌面凌乱，甚至乱糟糟的。不整洁，在某种意义上也意味着自由和不过多地受条条框框的束缚，有利于创造力的发挥。

有的父母有一种想当然的习惯性思维，认为学霸平常的生活都是整洁有序的，所以认为正是孩子不整洁的习惯影响了学习。真的是这样吗？我是名校毕业生，单位的同事也基本毕业于名校，我的同学和同事当年在各自的高中自然都是学霸了，但是据我观察，他们中还是有很多人喜欢随心所欲，不爱收拾房间。其中有一对同学结婚了，据他们说毕业后从来不叠被子。据其他名校的学生讲，大学男生宿舍有秩序的不多。

所以，我们纠结的事情其实未必真是想象的那样，我们有着太多想当然的认知，没经过推敲就信以为真，并且长远地影响着我们的行为，影响着我们和孩子的关系。

当然，可以去尝试培养孩子良好的生活习惯，养成了也不错；如果孩子不大情愿，就不必太勉强。

※ 我女儿上初三，以前我总是想给孩子最好的，所以把一些事情的影响想得很大，对一些小事很执着，很纠结，动不就和孩子争吵，双方都难受。

后来向维尼老师咨询，经过和老师探讨，发现很多纠结的事情原来没有那么重要，或者根本不算什么事。比如孩子早上起不来，来不及好好吃早饭，我以前就会想：不好好吃饭，怎么能够好好听课，长此以往，身体搞垮了，学习受影响了，怎么得了！维尼老师告诉我，其实很多孩子早上胃口不好，本来就吃不多，稍微吃一点儿，不至于饿坏了，也就可以了。再说她早上饿了，也许中午就会多吃一点儿，第二天也许会想着多吃一些早饭，何必担心那么多呢，吃得少真的有那么大的影响吗？为此吵吵闹闹，搞得孩子不开心，对身体好吗？我一想，还真是这么一回事。

孩子房间比较乱，她不大爱收拾，东西用了总是不归位。我以前很介意，为此也常常和孩子发生争吵。现在明白了，其实这是无所谓的。人各不相同，有的爱收拾，有的不爱收拾，仅仅只是习惯、感觉不同而已，让孩子在家里舒服一些、自在一些，也挺好的。如果觉得太乱，可以提醒一下，或者和孩子一起收拾一下，也没什么了不起的。

孩子有时不穿拖鞋在家里走，以前我会很生气，经常说她。现在想通了，家里都是木地板，夏天光着脚在家里走也挺舒服的，没什么大不了的。

有时孩子饭后会吃一些零食，我觉得不太好，会去说孩子。孩子说饭后吃水果不是很正常吗？我说，那是水果，你这是零食。孩子说，是零食又怎样呢？又不是天天吃。我想想也是，就不那么计较啦。

每个人都是不同的，不应该总用自己的标准去要求孩子，她有自己的发展规律。长大了，成了家，也会慢慢地改变，会寻找对自己有好处的方式生活。想想我自己小时候的习惯也不是那么好，现在不也挺好的吗？

我慢慢想开了，不再为这些小事情和孩子争吵，亲子关系好多了，孩子也愿意和我沟通、交流了。

※ 儿子脾气急躁，不会灵活变通，经常会有小情绪。以前我认为这会影响将来，所以总想早早改变这个问题。

维尼老师说，我想改变孩子的情绪和性格是对的，但是过于执着、过于急切了。现在的情绪问题可能会对将来有些影响，但也没有想象的那么严重。很多时候孩子有情绪是很正常的，谁没有情绪呢？作为成人的我们也有负面情绪。所以，没有必要过于急切，否则反而会给孩子带来负面影响。

以前我可以说是钻进了家庭教育的牛角尖，执着于要解决孩子出现的问题，一旦没有解决就会很着急，自然就不大理性，结果孩子出现的问题更多、更难解决了。其实有些问题即便存在也没关系，有些会随着时间的流逝自然解决，还有些问题的解决需要一个过程，所以我们努力之后就可以顺其自然了。这样，心态放平和，慢慢和孩子一起成长也挺好。

我们还可以观察到一个有趣的现象，青春期的孩子周末、假期在家会睡懒觉，玩手机、电脑的时间也较长，也不大爱干家务，但是到了高中住校，他们打扫卫生、整理内务一般也没问题，每天起得还很早，一般会合理使用手机，学习也勤奋努力。

这是因为孩子的潜力和弹性还是比较大的，在家里如何不代表他到了学校或者参加工作也会如何。有了环境的影响、约束、压力，孩子一般自然会比在家庭里的表现好很多。所以，不必太担心。

那么，在家里能不能像学校里一样严格要求呢？这往往难以做到。一是孩子对父母没有对老师那么敬畏，二是家里缺乏学校的那种氛围，三是孩子难以抵御诱惑也缺乏动力。这是家庭教育与学校教育的不同之处，也是普遍的现象。此外，家是一个放松的港湾，不必像学校一样严格要求。弦不能一直紧绷着，是吧？

第九章

这样做，青春期孩子更合作

第一节　良好的亲子关系是有效教育的前提

对于家中有正处于青春期的孩子的家庭来说，亲子关系好，能和孩子有效沟通是战略、是大局，具体事情的得失是战术、是细节。有了良好的亲子关系，孩子会合作，很多方法都会有效果，很多事情也会好办些。而父母如果过多纠结于战术上的得失，过于在意细节，比如游戏多玩了一会儿，晚睡了一会儿，房间没有收拾整洁等，并且因此发生冲突，可能会破坏亲子关系。关系不好，孩子会拒绝沟通，反抗、逆反，很多方法就都会失效，父母想纠正、培养的东西更难以实现，这样就是丢了西瓜捡了芝麻，甚至连芝麻也捡不到。所以，让孩子合作最重要的方法就是建立良好的亲子关系。

当然，也不是说关系好了，所有问题就能自然解决。关系好了，有些问题会容易解决一些，比如，父母管理玩手机、玩游戏的时间，孩子会合作一些；但有些问题还需要找原因、想办法，并且可能付出长期的努力才能解决，比如孩子的厌学问题；而有些问题在付出了长期的努力后依然难以解决，只能先接纳。

前面已经就很多常见问题进行了探讨，而建立良好的亲子关系，就需要处理好很多具体的小事。

实例：顺应心理，让我们安然度过青春期

我女儿从小学到现在（初二），每到周末和节假日，都先拖够了才肯静下心来好好做作业。曾经有一段时间，她爸爸说要培养孩子的好习惯，一定要孩子先完成作业再带她出去玩，结果孩子整个双休日都"泡"在书房里，作业照样要"磨"到周日晚上10点钟左右才能完成，根本没有提早完成一丁点儿，而且害得一家人都陪着她耗在家里，心情也很糟糕。试了几周都是老样子。后来，她爸爸想通了，孩子的好习惯不是一两天就能养成的，我们可以灵活一些，先顺应孩子，只要能完成作业，先玩再学也可以。现在孩子想先玩，我们同意，结果她觉得自己占了大便宜，玩过之后，她就能开开心心地安排学习了，效率也很高。后来，她慢慢体验到如果先玩后学，有时时间不足，赶起作业来很紧张，所以她也听取我们的建议，先抓紧时间做一些作业，这样后面出去玩也就不担心了。

先顺应孩子的心理，多让孩子自己去体验行为的结果，这样孩子会自己考虑、调整，也容易听取我们的建议。

孩子学业负担重，压力大，每天八九节课上下来，放学之后就已经很疲倦了。女儿经常会说，太累了，不想做作业了。这时候，我就静静地听，让她宣泄一下，或者说"是很累的""辛苦啦"，不去多加"开导"。因为我知道哪怕我们叫她不要做作业，她自己也是绝对不肯不做的。她只是实在太累，发发牢骚而已。

　　孩子有了情绪，先处理情绪，接纳、倾听、允许宣泄，不着急讲道理。

　　我们理解她、同情她、相信她，顺应她的心理，在合适时，我们会引导她更合理地安排时间，有的作业不必太过认真（这样有时间去仔细做重要的作业），抄抄写写的作业我们帮她做一点儿，这些她都愿意听。

　　有时候，被老师误会，受到严厉批评，孩子会非常委屈，回家后号啕大哭，甚至对老师破口大骂。这时候，我们也先让她"发泄"，等她情绪的风暴过后，再以同理心加以劝解，说父母小时候碰到类似的事情也会很委屈、很气愤；老师的出发点是好的，是想教育孩子，帮助孩子，但老师的时间、精力很有限，很辛苦，有时候也会心情不好，不要太放在心上，等等。孩子的心情也就能由阴转晴了。有一次我和女儿聊天时说起我读初中时，因为数学老师对我不好，就赌气上课不听他的课，结果数学成绩一落千丈，后来上了高中还学得很艰难。女儿听后哈哈大笑："妈妈，你傻呀！你读书是替老师读的吗？"听了真是又汗颜，又欣慰！现在，碰到什么事情，女儿一般都能理解老师的苦衷，凡事先看老师的优点、长处，也能以平常之心接纳老师的不足之处了。

　　遇到孩子对老师不满，要先顺着孩子说，相信老师也有做得不合理的地方，待情绪平静，再引导孩子理解老师。

孩子上初中后学习很努力，进步很大，现在成绩很优秀，我们希望她能争取保送重点高中，这样她的中考压力就能减轻很多。不过，要保送，就要参加很多竞赛，争取多加分。有的项目孩子喜欢，她会全身心地投入；有的项目很容易得奖，获得加分，但孩子不喜欢，就死活不肯做。我们说得多了，她就发狠话说，宁愿不要保送，不要上重点高中也不愿意做不喜欢的事情，哪怕做了，心思不在上面，也是做不好的；初中阶段读书很辛苦，自己想做点儿喜欢的事情。最后，我冷静下来想想，保送、读重点高中真的有那么重要吗？要以孩子的快乐作为代价吗？其实未必。我们的眼光放长远一点儿，孩子哪怕以后只是读普高或职高，只要她有思想、有主见，综合素养比较好，也能获得比较好的发展。所以我们也就顺应孩子，不再去勉强她。这样表面上可能会失去一些宝贵的加分机会，但孩子能够健康快乐地成长，这才是更重要的。人生是马拉松，不是百米冲刺，孩子的长远发展，孩子综合素养的培养才是关键所在。

顺应孩子的心理，让孩子感受到自己作为一个小大人的尊严和价值，感受到父母对他的呵护与关爱，孩子就能比较平静、客观地看待学习和生活当中的种种事情，就能和家长形成良好的亲子关系，就能不断地听从家长的引导，不断增强自信、自强之心，不断增强自己的内在力量，自主、自觉地茁壮成长。

选择适合自己孩子的方法

　　一位初三男生的妈妈在我这里咨询一段时间了，亲子关系不错，孩子也有上进心，想学好，期末考试进步了一百名。当然现在孩子也还存在一些问题，比如现在放寒假了，孩子要求白天自己拿着手机（写作业时以及晚上 10 点后把手机交给妈妈），有时时间也抓得不紧。

　　寒假的一天早上，妈妈这样告诉我。

　　我和孩子发生冲突了。孩子昨晚锻炼身体，大概有点累儿了，早上 8 点有课，喊了几遍都喊不起来，我又去拽他，还是不起，但那个点再不起就会迟到了。所以我就有点儿生气，说了他，大概有点儿讽刺的味道，他就非常不高兴。后来他爸来叫他，他说因为我吵他了，烦，所以还是在床上躺着。他爸就火了，又凶了他一顿，让他"滚"，孩子当时就哭了。

　　爸爸后来走了，他气得又躺下了，和我说："你把寒假所有的课外班都给我停掉，我不上了。"我一听他这么说，更来气了，说："这个寒假谁去上课外班谁浑蛋！"我就想骂他一顿。

　　其实最近这些天孩子都好好的，我的情绪控制得也很好，今天不知怎么了，我这么急躁，让他烦了，搞得难以收拾，真是得不偿失啊。

　　其实孩子有时太困不想起也正常，偶尔一节课不上或者迟到也没什么大不了的，妈妈为什么突然这么执着呢？

　　原来昨天这位妈妈的一位朋友好心地劝告她说，这个寒假很重要，要抓紧时间了，还说她对孩子管得太松，手机周一到周五就不应该给，自己家女儿那时候要买智能手机都没有给她买，她这样做太没有底线，该强硬的时候一定要强硬。这位朋友的女儿考上了一所"211"大学，她也对这位妈妈说："阿姨你要严管他了，他太浪费时间了，不能让他这样拿着手机。上课外班也不能带，你可以去接送他，这样不需要带手机。"

　　朋友一家本是好心，但是却让这位妈妈因此着急了，想着时间要抓得紧些，不能浪费，结果适得其反，不仅发生了冲突，还耽误了不少时间。

　　妈妈说："本来按照我自己的方法管孩子，感觉还不错，但朋友这样一说，再加上孩子也不是很有紧迫感的样子，所以我就在想自己是不是太没底线了。所以就又执着了，有些着急。"

　　每个孩子都是不同的，父母需要根据孩子的情况采用适合自己的方法，不能生搬硬套别人的方法。比如她家孩子从小学到外地参加各种活动，确实需要配手机，后来到美国参加夏令营也肯定要买智能手机。妈妈也知道手机要管理，正常上学期间周一到周五也是不让孩子玩手机的。但假期孩子非要自己拿手机，妈妈动之以情，晓之以理，甚至来硬的他都不听，后来达成的妥协方案也还算可以，不太影响学习。孩子现在不喜欢妈妈接送，如果非去送他也不会同意。再加上这位妈妈的孩子是男孩，很有自己的思想和主见，而朋友家的是女孩，可能更好管一些，所以不能生搬硬套朋友的教育方式。如果采用强硬的方式，引起孩子逆反，关系搞僵了，就更难管了。

适合自己孩子的教育方式才是最好的，而不是一味地提高要求，否则就会欲速则不达。

放开过度关注的目光

男性和女性的思维模式有些不同，爸爸们总体来说是粗线条的，对于很多小事或细节不太在意，倾向于抓大放小；而妈妈们会更关注细节和小事。这虽然也是有道理的，但是过于关注细节就会让自己焦虑，让孩子压抑。

有一位高中女生的妈妈向我咨询。有一次她带女儿去北京玩，其间发生了一些事情和小冲突，她给女儿写了一封信。首先，我佩服她的细心和自我反思的精神，可以说把每一件小事都写下来了，包括她的想法和对事情的理解，以及给孩子的建议。应该说，她还是能理解孩子的，对事情的反思也是比较到位、合理的。但是太细致了，即使我读起来都觉得有些压抑。孩子感到自己的一举一动都被妈妈观察、评价，虽然妈妈没有说什么不合适的话，但是孩子可能会感觉受束缚、不自由。

这位妈妈还有一个问题，就是遇事总想借机讲一番道理，而且总想到最坏的结果。比如，孩子叫网约车，妈妈就借机说有位空姐乘坐网约车遇害的事情，提醒她注意安全；提起最近的花费，妈妈也提到一个大学女生因为花钱无节制而跳楼的事情。我想，虽然她说得也不无道理，但是想得太多，担心得有些过分，孩子会觉得莫名其妙，从而厌烦。

虽然这可能是妈妈们比较常见的思维模式，但如果孩子觉得烦了，就需要反思一下，看是否需要改变。

给孩子多一些自由的感觉

到了中学，父母要对孩子有一些督促和管理，但是孩子又希望自由一些，怎么办呢？

这里有一个心理学技巧。孩子需要一些自由的感觉，但是可能并不在意这种感觉来自哪些事情。所以，父母可以在一些无关紧要的事情上多给孩子一些自由，让孩子找到自由的感觉，获得一定的满足；同时，在一些重要事情上去督促、管理孩子，如管理手机，控制玩游戏时长，督促学习等。这样有张有弛，孩子也不会太介意。

相反，父母如果在无关紧要的事情上管得太多，让孩子感到压抑、难以呼吸，那么再想去管重要的事情，孩子可能就拒绝合作了。

一位妈妈发现上高中的儿子自己去淘宝购物、点外卖，就委婉地建议孩子最好还是要和妈妈商量一下。究其根源，还是怕孩子养成大手大脚花钱的习惯。这种担心自然有一定的道理。但是，孩子本来就因为爸爸管得严而觉得家庭环境不宽松，没有自由的空间，说很压抑了。而爸爸一时难以改变，孩子的学习和手机的使用不可能很自由，如果买杯饮料、买个面包、买本书都还要问妈妈，那么孩子应该会感到更束缚吧。所以，妈妈可以在这些方面给孩子一些宽松、自由的感觉，让孩子感觉不那么压抑。

父母不要一起责怪孩子

孩子到了青春期，父母要尽量避免一起责怪孩子。中学学习压力大，孩子敏感，一个人责怪，孩子已经有些烦躁、难受了；两个人一起责怪，孩子会更加烦躁，可能会大发脾气。

所以，如果妈妈去说孩子了，爸爸就不要火上浇油了，可以暂时闭嘴。如果妈妈说得有些过分，爸爸还可以劝劝妈妈，调节一下气氛，这样孩子不至于那么难受。

妈妈因为一件事情说女儿，女儿很烦躁，大吵大嚷。我马上过去当和事佬，装模作样批评妈妈，女儿很快笑了，这件事情就过去了。假设当时我和她妈妈一起批评孩子，孩子会委屈，更加生气，那就不好收拾了。所以，就像维尼老师说的，先处理情绪，再处理事情，到了青春期这一点更重要。

女儿和妈妈关系不错，妈妈脾气也挺好，但是难免会吵几句。因为妈妈对卫生、东西放置、磨蹭等问题比较执着，看不过去时就会说女儿几句，语气有时也会着急。我对这些事情不太在意，每当她俩要吵起来时，我看女儿有些急了，就会站在女儿这一边，用开玩笑的口吻去说妈妈："怎么啦？又惹我们宝贝生气啦？怎么回事？"女儿听了会忍不住笑，不再着急，两人也很快就和好了。

我为什么这样做？一是女儿的这些问题本来也不是什么大事，其实也无所谓，本来也不需要太在意；二是女儿虽然和妈妈吵了起来，但起因还是妈妈语气有问题，如果妈妈心平气和地说，女儿是不会着急的，所以，也不必责怪她不尊敬父母；另外，女儿已经有些急了，如果我再去说她，她可能会委屈，更着急，对亲子关系和身心健康都有不利的影响，何必这样呢？

有一位初二女生的家长向我咨询。孩子有不少心理问题，在家休学。爸爸说，妈妈以前经常和孩子吵架，每当这个时候，爸爸总觉得这是孩子的错误，认为孩子应该尊重父母，不应该没礼貌，所以会去责怪孩子。孩子通常很委屈，不肯承认错误。爸爸觉得不应该打骂孩子，所以就会冷落孩子、不理孩子，他觉得这是冷处理，其实孩子感受到的是冷暴力，因此很压抑。其实孩子和妈妈吵架，往往双方都有责任，不能简单地给孩子扣上不尊重父母的帽子。回头来看，父母不能理解孩子，对孩子压抑过多，孩子与父母之间的问题，父母至少要负部分责任。

实例：痛苦与幸福并存——一位妈妈的自我成长故事

我想起了我妈妈，她的伟大之处在于能够在我十二岁那年做出巨大的改变，她不急于改变我，而是先重建良好的亲子关系。这在20世纪90年代是罕见的，也很不容易。而从她改变的那天起，我也奇迹般地开始自律和努力，成绩与十二岁前相比突飞猛进，这一切也给我成年后的自救奠定了坚实的基础。

应维尼老师之邀写下我的故事，希望能够给朋友们一点儿启示。

我是20世纪80年代初的独生女，父母视我如掌上明珠的同时，也对我寄予了很大的期望。上小学后，我已经明显感到父母对我施加的压力，尤其是我的母亲，作为一名带出过无数优秀学生的语文老师，她更是迫切希望我能够比她任何一个学生都优秀。那时候，成绩就成为她评判我的当下和未来的唯一标准。

事与愿违，在父母过高的期望、压力和学校老师的不屑与打击之下，我的成绩一塌糊涂，注意力涣散，性格胆小怯懦，高大的身体里却隐藏着一颗极度自卑的心。然而当时父母并不理解我的感受，只是变本加厉地责骂、打击、讽刺，总是拿我和优秀的孩子比较，让我伤痕累累的心雪上加霜。

这种处于崩溃边缘的状态在六年级时演变到了极致，我越来越恐惧学校生活，而且也感受不到家庭对我的包容（长大后我明白了，家门是永远为我敞开的，只是当时父母的行为让我找不到被爱的感觉），就开始了对老师装病、对家长谎称上学的逃课行为。然而我的内心又觉得对不起父母的养育，所以逃课的时候就坐在家附近的草地上背课文、看数学。永远记得当我逃学的事情败露后，没有任何人相信我逃课了居然也会读书。面对父母的暴怒和围攻，面对老师的责难，那种天塌下来的感觉，我想到了死。可是我舍不得母亲，原本对我非常严厉的她，此刻明显已经对我绝望，几次我都看见她以泪洗面，我的心不住地颤抖。六年级的最后几个月里，我发疯一样努力学习，成绩一度达到班级前几名，却仍然在小升初考试时被巨大的压力击垮，败北。

1995 年，家里凑钱让我寄读了本地最好的初中。而这一年我十二岁，我人生的转变开始了。据母亲回忆，是我先提出让父母不要管我的学习的，他们商量了一下，决定先试试。没有了父母盯梢的学习生活，自在却又不习惯。当时我的自律能力确实差，做几道题就要起来转悠两圈，要么就是翻翻抽屉、上上洗手间，看书也很难看进去，初中的第一次期中考试，我考了班上第四十几名。面对这个令我抬不起头的名次，母亲却没有像小学时那样着急甚至暴怒，只是坐下来和我一起分析考试的错题。接下来父母还是像前半个学期一样，没有过多干涉我的学习。带着疑惑又暗喜的心情，我在期末考试中一跃成为班上的第十一名，还被老师作为典型表扬了。这历史性的飞跃给了我很大的信心，让我开始相信自己并不是原本父母口中的"笨孩子"。接下来初二、初三虽然我的成绩有所起伏，但基本都能保持在班级前列，中考时也以不错的成绩考上了重点高中。

让我感受到母亲变化的不仅仅是那次期中考试。我渐渐发现，小学时只和我谈作业和考试的那个高高在上的母亲，居然开始和我一起讨论流行音乐，一起追星，还陪我看《灌篮高手》，我对她的敬畏也逐渐转变成了朋友般的信赖，开始敢于把自己的想法告诉她，开始无话不说。我也惊奇地发现了自己的变化，做作业时渐渐不再起来转悠，能够安静地坐着的时间也越来越长，平时课余看漫画、玩游戏，但到了考试前都会自觉地把这些东西收起来，放假再拿出来。高中时我的学习习惯已经很好了，自觉、自律，谁也想不到小学我会是那样一个孩子。高一时我暗恋班上一名男生，弄得自己上课都没心思听，对自己的想法又羞又惭愧。有一天我忍不住把这个小秘密告诉了我的母亲，她说："哎呀这很好呀，你和他一起好好学习，以后和他考同一所大学，假如你俩能够结婚，那就太美好了！"这句话让我特别感动，我再也不为自己青春的萌动感到可耻了，只是为了这个小秘密默默地努力。十年后，这个男生成功地成了我的另一半，连我自己想起来都感觉像做梦一样；我很珍惜我的家庭，因为我始终相信我的这份美好的姻缘是母亲祝福来的。假如当初她发现我因为男女的念头分心而打击责骂我，我说不定反而会走上早恋的道路。

关于母亲做出改变的记忆中，还有一件让我终生难忘的事情。有一段时间我很美慕同学们进出小卖部，却苦于不敢对在我心目中十分威严的父母开口要零花钱，就开始时不时地擅自从母亲包里

"拿"钱（对当时的我来说，其实算是"偷"了），在刺激与惶惑中买零食和课外书填补自己内心的空洞。这样持续了大约一个月，有一天母亲突然把我叫到跟前，问我是不是经常拿她的钱。"小偷"被抓住的感觉，可想而知！我咬牙承认了自己的行为，并等待暴风骤雨的到来。然而很意外，母亲没有骂我，只是温和地跟我沟通，问我都用钱买了什么，为什么要买，为什么不向父母要钱买。她说："其实在你第一次拿钱的时候我就已经发现了，我已经观察了一段时间。如果你需要买些什么，可以直接跟我们说，你也已经长大了，可以有自己支配的零花钱了。"她不但没有责罚我，还让我放下包袱。此后，她和父亲不定时地就会给我零花钱。握着父母给我的心意，我开始思考钱应该花在什么地方，反而不像当初偷拿钱那样乱花了。母亲并没有把"小偷""小时偷针长大偷金"的帽子扣在我的头上，却更加促使我后来成为一个诚实守信的人，可见亲子之间平等的沟通和交心是何等重要！

不可否认，童年的经历还是给我的性格留下了一些伤疤，成年后的我很敏感、倔强，不愿听到别人否定我，经常牺牲自己的感受去成全别人，这一度给我的工作和生活造成困难。

然而一种莫名的力量一直在支撑着我不断地学习心理学，一点点地改变自己。尽管过程非常痛苦，但像一次次破茧成蝶，我的内心日趋强大，性格日趋完善。直到我为人母，才恍然大悟，这种无形的力量就是妈妈给我的支持与鼓励。尽管她在我十二岁时才开始改变她自己，但这对那个年代的家长来说，已是很不容易的事了。多年学习心理学自救的经验告诉我，人世间最难改变的不是父母，不是子女，而是我们自己。我的母亲，在当时教育信息资源匮乏的背景下能为我做出如此改变，她是下了多么大的决心；当她将自己束缚在女儿身上的枷锁斩断时，她忍受了多少对未来的不安啊！而我如此善于改变和完善自己，更是得益于母亲的躬亲示范，她也许不知道，她改变的是我一生的命运！

后来母亲也对我吐露了她当年的心路历程，她说："我当时是对你太着急了，也一直在思考怎么样才能让你的成绩提高。可是我突然醒悟，假如为了所谓的成绩而让你成为一个人格不健全的人，我宁可你健康快乐地成为一个普通人。"她的话犹如金玉般牢牢嵌入我的内心，为我成为一个对孩子包容和有信心的母亲奠定了坚实的基础。

第二节　行为疗法：通过体验结果塑造行为

行为疗法是心理咨询中的一种常用方法，应用到家庭教育之中，简单来讲，就是让孩子通过体验结果而塑造行为。对于青春期的孩子，这种方法更适合。因为他们更不喜欢唠叨、说教，更不愿意接受过多的控制、管束和逼迫，更希望按照自己的方式去做，更喜欢自己做出选择和决定。

我陪孩子学数学，她固执己见，觉得自己的方法好。我一提醒她，她就说被打断思路了。她这样一点儿都不虚心，怎么才能改变呢？如果顺着她可能会浪费很多时间啊。

孩子目前的特点就是如此，如果非要去纠正，她会感觉烦躁，也会浪费时间。这类事情多了，她可能会拒绝你的帮助，那么就更难改变她了。但是，这不等于无所作为，只是需要等待孩子体验她的办法是否合适。如果结果证明她的方法有问题，那时再建议她改变可能就容易多了。当然，结果也可能证明孩子的方法不错，那就按照孩子的方法来吧。

让孩子自己体验自然的结果

有些事情父母的想法是有道理的，也对孩子有好处，但是如果劝孩子、讲道理，孩子可能不肯听；如果发脾气或逼迫孩子，可能会引起逆反，孩子更不愿意接受。所以，如果不是重大的事情，可以放手让孩子自己去尝试，去体验结果。每个孩子都是想好的，趋利避害也是人的本能，体验到了结果，孩子自然会主动调整。这样可能不需要口舌之争，避免了冲突，问题自然就解决了。

比如，父母如果担心孩子上学迟到，心里着急，一次次地催促，孩子不见得会加快节奏，还可能很烦，结果带着不好的心情去上学了。何必如此？迟到是孩子自己的事情，我们急什么呢？孩子起床之后，心情平和地提醒一两次就行了，如果没赶上车或者迟到了，孩子印象深刻，自然会有时间概念，经过一两次一般自己都会有所调整。父母不唠叨，孩子自己掌握节奏，多好！

有名初中生，厌学，总想开个网店，觉得自己有想法，有思路，可以赚不少钱。妈妈答应了他，给了他一笔启动资金。他很有热情地把网店开起来了，还精心设计了页面。结果一个月过去了，没有迎来一个有购买意愿的顾客。不用妈妈说什么，他就明白了，嫌钱不是那么容易的，还是老老实实学习吧。

我还遇到过一名高中生，不想上学，觉得自己可以通过打工养活自己。妈妈也劝阻不了他，就让他去打工了。他去了一个小区当保安，因为一点儿小事情被业主骂了个狗血喷头，诸如此类的事情很多，心情郁闷还不能发作！碰壁之后他明白了，打工还不如上学呢，终于回来上学了。

这里需要注意的是，体验了结果之后，如果证明我们的建议是对的，孩子错了，此时父母轻描淡写或者平和地和孩子简单说说就可以了；如果扬扬自得甚至冷嘲热讽，引起孩子的反感，他可能就会为自己辩护，拒绝反省了。

有时我们不帮孩子做决定，让孩子自己慢慢琢磨如何做最适合，可能效果更好。

女儿上了高职读书，军训期间偶然的原因班主任让她当了卫生委员。她从来没当过班干部，也不大喜欢与不熟悉的人说话，再加上卫生任务比较重，要打扫厕所很脏，所以她不想干了，给我打电话时都哭了。我安慰了她，没有劝她坚持，而是先顺着她说，没关系，不想干咱就不干，军训结束后可以向老师辞职。还剩下两三天你再体会、琢磨一下，自己决定就可以，不好意思和老师辞职，爸爸来说。我没有劝她坚持，她反而有些舍不得这个当班干部锻炼的机会了。过了两天，军训结束，她说先不辞职了。过了两周快开学了，她也决定继续干着。开学前几天，她和另外一名卫生委员一起反复讨论着如何安排值日的事情，挺热情负责的。开学后她逐渐适应了这个角色，干得不亦乐乎，这份"工作"对她的锻炼和成长还是有不少帮助的。

让实践告诉我们什么是合理的

父母虽然有一些经验，比孩子更成熟一些，但是父母的看法就是正确的吗？或者即使父母的看法有道理，孩子的看法和父母不同，就是错误的吗？其实未必，父母还需要谦虚一些，不要太自信。

我家新买了一个旅行箱，正好暑假我们要去上海迪士尼玩，就派上了用场。旅行箱表面很光滑，送了一个保护套。女儿很爱惜这个旅行箱，说套上那个保护套吧。我和妈妈都觉得没必要，因为以前的几个旅行箱都不用保护套。结果下了飞机取行李时发现我们错了，旅行箱上留下了几道难看的划痕。因为它的材质和我们以前的几个旅行箱不同，所以我们的经验失灵了。而孩子没有经验也是一种优势，可以避免先入为主的误区。

所以，谁对谁错有时需要实践的检验。结果有几种可能：如果我们对了，孩子错了，那么孩子看到结果可能会做出调整；如果我们错了，孩子是对的，那么自然按照孩子的来；如果双方都有道理，那么不妨尊重孩子的看法、做法，或者取双方之长。

比如某个题目应该怎么做，父母认为应该这样，孩子不认可，那么没有必要费尽力气劝孩子相信父母，也许父母说得未必正确，等老师讲解之后，孩子自然知道谁对谁错了。

儿子上初二，表现很优秀，以前在班上遥遥领先于第二名，逐渐有些松懈。我提醒他，他听不进去，觉得自己很有把握。我说多了，他自然也不爱听。既然如此，那就让孩子自己去尝试、体验结果，也许孩子自己心里有数呢。而如果结果证明孩子的想法是有问题的，那他也自然会醒悟。结果期中考试儿子成了班级第二名，这下不需要我说什么，孩子就知道怎么去做了。

一名高二男生想好好学习，但是所在班级学习环境不好，所以打算回家自学一段时间，如果效果好就想一直在家学习。我建议，孩子的目的是想学好，而且也答应在家管住自己，那就摸着石头过河，通过实践检验这样是否可行。于是妈妈帮他请了假回家复习。开始几天还不错，但过了几天他就逐渐管不住自己了，家里毕竟缺乏学习的氛围，于是他自己就否定了这种做法，回学校继续学习了。

有的孩子回家总想多玩一会儿再写作业，此时不用着急催他，等有几次作业写到很晚，再和他探讨一下是否应该早些开始做作业；有的孩子晚上快 12 点了还不着急睡，此时也不要过多催促，早上起不来再和他说说，他慢慢就会有意识了；有的孩子想早些睡觉，早上起来写作业，那么也可以试试啊，也许这更适合他，如果实践发现不靠谱，恢复正常作息就可以了。

改变教育方式，让孩子体验到不同的结果

孩子出现问题，往往是受到父母不合理的教育方式的影响。所以，针对某些问题行为，改变教育方式，让孩子体验到新的结果，

那么孩子可能就会做出改变。

比如，孩子不愿意和父母沟通，不愿意说学校里发生的事情，可能是因为之前每当他说的时候，父母没有耐心倾听，着急打断他，或者一开始就批评他做得不对，也可能借此给他讲一番大道理，这样的行为会让孩子感到堵得慌，或者很郁闷，自然不愿意再和父母沟通了。而如果父母先改变自己，学会倾听，先理解、肯定孩子，再提出自己的建议，那么孩子体验到与父母沟通是一件畅快的事情，自然会愿意讲很多事情了。

孩子为什么会犟，往往是因为父母太坚持自己的看法，太较真，太坚持原则（这其实也是犟），孩子感到好好和父母商量没有用处，自然会用犟的方式，坚持自己的意见，因为唯有如此才能满足自己的要求，按照自己的方式去做。而如果父母先改变自己，学会灵活变通、有弹性，学会尊重孩子的意见，顺应孩子，那么孩子体验到好好和父母商量就可以达到自己的要求，那当然就不需要犟了，因为犟起来孩子自己也觉得不舒服。父母好商量，孩子体会到商量是有用的，也会学会好商量的。

孩子为什么会拒绝父母的辅导？可能因为父母情绪控制得不好，给孩子太多压力了。所以，如果想辅导孩子，还需要语气平和、放松一些，这样孩子体会到父母辅导不是那么让他紧张，可能就愿意接受了。

试错，才能成长

很多父母会过度控制孩子，因为怕孩子会犯错误，走了弯路。但是，对孩子来说，在一些不太重要的事情上走弯路、犯错误，也是学习和成长的机会。

我们不要总盯着一件事情的得失。有一句话说，局部最优往往不是整体最优。父母如果担心事情做得不好，总是替孩子做决定，孩子不需要自己去思考、选择，可能每一件事情的结果都看似令人满意，但是孩子却失去了成长的机会，最终的结果可能是糟糕的。

有些小事情我们可以提出建议，但也需要多放手让孩子自己去做决定、试错、体验，成功和失败都会让孩子吸取经验教训，以后的路毕竟要孩子自己走。也许某些小事完成得那么完美，但是收获的是孩子的成长，是孩子做决定的能力和智慧，总体上会更完美。

有一次女儿的一份小试卷忘记带回了，我建议她找同学拍一下传过来，她说明天早些走，到学校做也是来得及的。那好吧，她可能比我更了解情况，尊重她的决定。如果她错了，那么自己体验结果、承担结果也不错。

女儿喜欢在淘宝买一些时尚的服装，我觉得品质可能没保证，而且没有试穿，可能不太合适，所以开始不太赞同。但是，如果拒绝的话她会有些不太高兴，那就让她买来看看吧。开始买得不合适的较多，不过好在退货也方便，逐渐就积累了经验，后来买回来的基本还不错，虽然不够完美，但是她自己喜欢就好。

女儿假期爱上了做饭，跟着美食博主的视频，学着做了些菜。开始自然是磕磕绊绊，有诸多不合理的地方，不过如果我们在旁边指点多了，她是不爱听的。所以我索性就完全放手，让她自己尝试吧。我只负责在她端出美食时加以鼓励。说实话，味道大多数时候还真不错，即使偶尔出了些问题，吸取教训，下次就做得好了。

※ 孩子喜欢看足球比赛，有一天晚上 10 点 30 分时他要看比赛。我试图说服他早点儿休息，儿子不同意，理由是前几次德甲、英超比赛都因是半夜而错过了，这次必须看，态度十分坚决。我放弃说服他，自己先休息了。11 点 20 分，他还在看，我催他睡觉，他说马上就完。我说明天早上我可不会叫你起床，迟到就迟到。他说不叫就不叫，继续看比赛。早上我故意晚十分钟叫他，而且只叫了他一次。他一声不响地穿好衣服，虽然没洗漱吃饭，但也没像以前那样因为晚出发而抱怨。后来我再劝他晚上看球早睡，也比以前容易些了。

※ 初一入学的第一个月，女儿每天在学校完成作业，回家基本上不打开书包，有时间会阅读课外书，偶尔玩玩电脑游戏，我也会提醒她还是要注意加强复习和预习，整理错题，但她不听。我说："学习是你的事情，妈妈只是适当提醒你，做或者不做，怎么做，你自己决定，我不希望因此而闹得不开心。"第一次月考，女儿排名在年级约第三百名，在校挨了老师的批评。女儿小学成绩一直优秀，

第一次考得这么糟糕，又加上老师的批评，双重打击下，回家后号啕大哭，伤心不已。

孩子体验到了结果，但是也需要我帮她渡过难关。所以我安慰和鼓励了她："老师批评你，说明觉得你有潜力；学校是全省尖子生聚集的地方，成绩没有名列前茅也是正常的；我们要做的是找出问题，解决问题，你也需要找到适合自己的学习方法。"期末考试，女儿进入了年级前五十，而且也有了一套自己的学习方法。

放手体验，不是完全放手，有时结果出来之后还要引导、分析、帮助，这样才能让孩子顺利渡过难关。

很多小事情，比如怎么打扮，买什么样的衣服，留什么样的发型，都可以尊重孩子的意见，孩子体验到不合适再去做调整。讨论对未来较有影响力的事情，比如将来高中、大学、职业的选择，也可以先尊重孩子的选择。如果父母直接去反对和干涉，孩子可能觉得要守护自己的梦想，反而会更加坚定；尊重了他的选择，他也会慢慢地思考这个选择是否真的适合自己，因为谁都希望自己有一个美好的未来。我们等待时机再和他探讨，孩子可能会更容易听得进去。

学会体验式说服

孩子不喜欢听说教和大道理，有时不妨让孩子去体验结果，这就是体验式说服。

　　有不少中学生的家长向我咨询。如果孩子学习积极性不高，不想写作业，我有时会建议请一位大学生家教和孩子一起写作业。有了帮助，孩子作业写得快，消化得好，也有时间复习和预习，会慢慢培养起学习的兴趣和信心，有助于好习惯的养成。但是有些孩子开始时是不同意的。所以，我会建议父母和孩子说一下，先请一位试一试，体验一下是否合适、是否有帮助，如果感觉不好，再换一位老师。如果换了几位都不合适，那么说明这种方式不适合他，继续独立学习也可以。

　　这样一说，有的孩子就同意体验一下，如果喜欢家教，聊得来，体会到效果，也就愿意接受家教的帮助了。

　　※ 还有一周就是初二期末考试了，因为之前集中精力于地理、生物会考，所以其他科目复习得不多，加上周末又发了两天烧，所以我劝女儿在家复习，我可以有针对性地辅导一下她，这样更有效率。但是她强烈要求去学校，既然如此我也不能强迫她啊，我说你想去就去吧。她去学校上了一天课，感觉效果不好，因为她还没有复习好，各科课堂上主要在做试卷。这时候我再劝她，她也就同意了。

　　※ 孩子上初二，中秋节放假三天，节后马上要月考了，我建议他复习一下，孩子却天天去踢球。我劝他，他则说："哪有假期还学习的呀？"历史和地理他没有复习，我建议他复习一下，他不愿意。

月考的那一天，下午要考历史、地理和英语，他在家背了一上午历史和地理。我说起国庆节要去北京大学参观的事，他想起来要QQ联系自己的同学一起去，我说你赶紧睡会儿觉吧，他不听，非要上QQ，结果聊了挺长时间导致没睡成，导致下午英语考试的时候差点，睡着。这样一来，月考自然考得一塌糊涂。孩子很沮丧，难过了几天，第一次让我在网上买了试题，自己主动做了几套。后来考试之前再劝他抓紧，他也能听进去一些了。

一名初三女生这样说。

我爸说让我体验生活，去工地干活儿，累死累活一天，但是他不让我回家我就不能回家，累也忍着。真的，累一回就知道坐在教室里学习真是舒服多了。

小事多多体验，大事才会信任父母

虽然可以让孩子体验行为的结果，但有些事情的后果太严重，是不能体验的。比如"少壮不努力，老大徒伤悲"，就不能体验；退学以及可能伤害身体、关系安全的事情最好不要体验；快要中考、高考了，还要疯玩，一般也不要去体验。

所以，先在一些小的事情上让孩子多去体验结果，慢慢建立起孩子对父母的信任，那么孩子在重要的事情上就可能更愿意听取父母的建议。

第三节　人本主义：相信孩子可以自我成长

美国心理学家罗杰斯的人本主义心理学在家庭教育之中有着广泛的应用。

依靠孩子自身成长的力量

罗杰斯的人本主义心理学在家庭教育之中有一些不错的应用，比如提倡家长理解孩子，人本主义称之为同感；家长接纳孩子，接纳自己，也就是人本主义中的无条件接纳；沟通时先理解和肯定孩子，人本主义称之为共情；人本主义提倡的无条件积极关注，在家庭教育之中也就是即使孩子的自我行为不够理想，他觉得自己仍受到父母真正的尊重、理解和关怀。这些在前文有详细深入的阐述。此外，相信孩子有自我成长的力量，想办法发挥孩子自身的力量，也是一个重要内容。

到了青春期这一点更加重要，因为孩子慢慢有了自己的想法和主见，讨厌唠叨和说教，父母管教不当，还容易引发冲突。所以，有时只能相信孩子，依靠孩子自己的力量。比如，对父母来说，如果情绪控制不好或者不会辅导，那么只能让孩子自己做作业；再如，有时孩子会锁上房门，那么也只能引导和依靠孩子的自觉性学习；

另外，孩子住校，或者到外地读书，那么更要依靠孩子自己了。

另外，到了青春期，父母越来越难改变孩子，因此需要多想办法激发和依靠孩子自己的力量。比如引导孩子爱上阅读，书籍引导孩子比父母说教更有效；再如，多鼓励和肯定孩子，少一些批评和说教，孩子会更自信一些，自我成长的力量自然会增大；此外，引导孩子要顺势而为，利用孩子自然出现的兴趣。比如，暑假里你可能很想让孩子练钢琴，但是孩子却喜欢做饭，喜欢健身，那么就顺势鼓励孩子发展自己的爱好，也是不错的。另外，父母根据自己的想象给孩子设计的未来、道路，往往并不适合孩子，所以，父母要根据孩子的喜好、能力特点来和孩子一起规划未来。

尤其到了高中之后，更多地要靠孩子自己，父母在家里管那么几天没多少效果，还可能惹得孩子不开心，懒得听父母的说教。除了给孩子找一些辅导老师，父母应更多地负责给孩子以温暖的感觉，与孩子较好地沟通，适当控制一下孩子玩手机的时间，给孩子减压，剩下的主要交给孩子自己，鼓励他自己成长。

完全放手和过度控制，都不合理

我的家庭教育理念有两块基石，一是相信孩子都是想学好的，二是相信孩子都想和父母相亲相爱。这是家庭教育能够推进的原动力。

每个孩子都是想学好的，每个孩子都有自我成长的力量。有时之所以孩子看起来并不是这样，比如厌学、沉迷游戏、不想努力，往往是因为他遇到了困难，不知道如何克服，缺乏对学习的兴趣和信心，可能需要我们的帮助。

父母如果能够善于利用这种力量，那么比一味地控制、管束效果要好得多。何况孩子到了青春期，父母的控制和管束可能会效力大减甚至失灵，就更需要利用好孩子自我成长的力量了。

同时，虽然孩子有自我成长的力量，但是他毕竟只是一个孩子，所以有些困难可能无法自己解决，比如学习困难、心理困扰，此时就需要父母挺身而出，给予帮助。

虽然孩子也是想学好的，但是周围环境诱惑太多，比如漫画、游戏，只靠孩子往往难以自控。试想，很多成人也有拖延症，大多因为无法抵御诱惑，又缺乏做事情的动力，何况孩子呢？所以，父母需要帮助孩子控制看漫画和玩游戏的时间，并且适时推动他进步。

这里体现了中庸的理念，需要具体情况具体分析，需要适度，父母完全放手和过度控制都是不合适的。

多让孩子做决定

进入青春期，孩子有了自己的想法和主见，希望有更多的自由和自主权，能够自己做决定。这本身就是一种成长的力量，说明孩子在走向成熟。一方面，这时的孩子有了一定的做决定的能力；另一方面，即使孩子做错了，也会从错误中学习，从而不断成长。所以，父母可以更多地让孩子做决定。尤其是一些小事情，本身无关紧要，可以多尊重孩子的决定。

和女儿一起去配眼镜，她喜欢那种圆圆的、大大的镜片，是目前流行的款式。我觉得不大好看，所以建议她选择以前佩戴的那种无框眼镜，但是她很不情愿。

怎么办呢？毕竟这是她的眼镜，她的感受最重要，所以还是尊重了她的选择，她很开心。眼镜配好之后，发现如果把头发全扎起来，配上这样的眼镜看起来还是挺漂亮的。

父母和孩子的审美有时是不同的，都有各自的道理。穿衣打扮的事情只要不过分，还是顺应孩子为好。父母也需要学习欣赏新潮之美，孩子喜欢的时尚的东西，总有其可取之处。

但是在重要的事情上，还是需要父母的参与与意见的。

有一次与一位高中女生交流，她执着于上国际高中，将来想要出国留学。妈妈觉得不太可行，所以不大支持她，她很生气。我先对留学表示了理解和肯定，慢慢地又和她聊了一些留学及海归就业的情况。我告诉她，如果不是常春藤名校，专业又不热门的话，目前留学生归国就业可能月薪六七千到一万多元人民币，甚至更少。她很惊讶，她原以为留学回来至少年薪百万呢。我问她为什么要去留学，留学费用需要多少，她其实不太清楚。当得知四年留学加上国际高中的费用可能会超过两百万元，就自己的家庭经济情况来说，投资与回报确实不大匹配时，她恍然大悟，觉得原来的想法太天真了。

孩子有时所知甚少，而且忙于学习也无暇多去调查研究，有些事情就想当然了，所以如果连重大事项都让孩子独自做决定，从某种角度来讲，也是不负责任的。有的妈妈说起自己中学时，父母什么都不管，重大决策都是自己做决定，但自己当时并没有那样的能力，回想起来也是一种痛苦。

孩子是值得信任的吗

我相信孩子都是想学好的，相信孩子都想和父母相亲相爱，很多育儿书也都强调要信任孩子，但是父母会困惑——孩子好像常常不值得信任啊，他们有时会说话不算数，承诺的事情没有去做，说的和做的不一致或者不遵守规则，有时不告诉我们真相。

这些现象确实普遍存在，细细分析，这些现象可能是很正常的，或者是有原因的。

孩子承诺了的事情不一定能做到，这是正常的。比如孩子答应努力学习，但是能力不足，缺乏兴趣和信心，或者作业对他来说有些难、有些多，那么即使答应了，也可能会做不到。所以，仅仅有承诺还是不够的，还需要找原因、想办法，帮助孩子克服困难，渡过难关。

面对诱惑，比如玩游戏、购物，虽然有所约定，但孩子不能完全执行，这也是正常的。

有时孩子不说实话，可能缘于父母不大宽容，如果孩子说了真话，等待他的可能是批评、训斥甚至惩罚。所以，如果希望孩子的话值得信任，父母首先要学会理解和宽容，这样孩子才不需要隐瞒。

比如一名初三男生谈了一个女朋友。以前妈妈禁止这样的交往，所以，孩子自然躲躲藏藏，问了也不说实话。后来妈妈表示对此理解。看到妈妈的变化，孩子就不那么隐瞒了，有时还会和妈妈说说他们之间的事情。

所以，当孩子出现以上的类似现象时，并不能说明孩子不值得信任，而是以前对孩子的期望可能有些不符合实际。

对青春期的孩子来说，父母应该多表达信任，少流露怀疑，有时孩子对父母的怀疑会很敏感。如果关系不好，那么为了改善关系，父母更要选择先相信孩子，别去较真。比如孩子锁上房门，说自己没有玩电脑或手机，如果父母质疑，孩子又恰好没有玩，那么孩子可能会很生气；即使真的在玩，父母表达不信任，孩子可能会恼羞成怒。所以，先选择相信，致力于改善关系，之后再去沟通，效果会更好一些。

一名初二男生最近状态不好，厌学、情绪烦躁，和妈妈时有冲突。孩子很想玩手机，和妈妈说好作业正常完成，否则手机没收。有一次他有一项作业没完成，他解释说交了作业，但课代表没有记录。后来又有一项作业没交，他说交给课代表了，不知道搞到哪里去了。妈妈追问了几句，可能他觉得妈妈不信任他，或者担心手机被没收，就突然大发脾气，甚至骂人，把自己关到房间里，第二天早上不去上学了。

　　所以，父母的信任对孩子来说是一种压力也是一种动力，如果亲子关系好，孩子会考虑父母的感受，不愿意辜负期望。有一名高中男生，经过了几年荒唐的时光，又选择回学校读书。一开始很难坐得住，以前的玩伴也诱惑他再次逃学，但因为父母一直信任他，和他关系不错，他不想让父母伤心难过，所以坚持读下去，最后考上了大专，还成为班长，发展得不错。

第四节　应对孩子要求的三个原则

父母经常会面对孩子各种各样的要求，比如玩游戏、买衣服、点外卖、要零花钱……如果处理不好，容易引发矛盾和冲突。那么如何合理地面对孩子的要求呢？

我有三个原则：适当满足、适当拒绝；先说好，再说不；规则的执行要有弹性。

适当满足、适当拒绝

孩子的要求，如果没有危及安全、破坏环境、影响他人，那么一般来说，都有合理之处，所以应该适当满足。

有时孩子想利用吃饭时间看看电影或电视剧，这也是可以理解的。中学学习紧张，生活相对枯燥一些，孩子想借机放松一下也能理解，可以适当满足。

令父母最头痛的游戏，是孩子之间交流的话题，如果孩子什么也不懂，有时会融不进同学的圈子；手机现在成了孩子们交流的工具，也可以查找资料；名牌的衣服和鞋子，适当买一些，也是正常的需求；点份外卖，换换口味，是可以理解的。

当然，这些要求一般也需要节制。在玩手机方面，很少有孩子能自觉，所以需要父母来帮助控制；消费方面的要求，也要考虑家庭的经济条件或者是否造成浪费；即使是看书，因为学习的时间有限，也只能有所限制。

孩子上初三，她一直想要一个古琴，我们以前怕耽误学习，所以告诉她突破年级前十五名才能给她买。但是，孩子一直难以达到，因为各种原因开始逐渐厌学。后来，受到维尼老师的启发，我们改变心态，不再只关注孩子的学习，也重视孩子的需求，所以不再设置什么条件，给她买了她梦寐以求的古琴。孩子在我们面前像幼时一样发誓："爸爸妈妈，你们放心吧，我一定会学好一切的！"孩子背着跟她一样高的古琴走在街上，引起了许多人的关注，当他们知道女儿上初三时，说出的第一句话竟是："初三功课这么紧，你有时间弹吗？"女儿总是肯定地回答："时间就像海绵里的水，只要愿意挤，总还是有的。"女儿也确实做到了，每到学累了的时候，就弹弹琴，放松一下。为了挤出更多的时间弹琴，女儿写作业不仅没拖拉，还经常提前完成。孩子的成绩不断进步，古琴的学习也得到了老师的赞赏。

先说好，再说不

对青春期的孩子来说，直接拒绝其要求，有时不太容易。他们虽然不会像小孩子那样哭闹，但是拒绝多了，或者拒绝太过坚决，会引起反感，他们会生气、发脾气，甚至和我们对抗。

所以，很多情况下可以先说好，再说不。也就是先答应孩子的要求，然后约定一个规则，或者有所限制。比如，孩子在家写作业，突然想起了什么，要看手机，这其实是可以理解的，我们也会有这样的情形，如果非不去看，可能会觉得有些难受。所以可以先说好，同时约定只看几分钟，否则容易引起孩子情绪波动，那么耽误的就不是几分钟了。

那么，和孩子约定了规则，比如只看两分钟，他到时候会很自觉地停下来吗？

不一定。这也是可以理解的，因为可能孩子想看的内容没看完，想找的没找到，或者又看到新的东西，勾起了他的好奇，所以还想再看一会儿。

其他方面的约定也是如此。比如玩游戏，说好玩十分钟，到了时间这一局没打完，想停下来基本不可能；或者这局结束，又特别想再来一局，非让他停下来，也是不容易的。这也是可以理解的，都属于欲望，不容易克制。

其实父母也是如此。如果你正在看手机，或者正在看精彩的电视剧，说好看多长时间，但是如果手机上的新闻或者消息没有看完，到时间就让你停下来，你能马上做到吗？本来和自己说好了看完这一集就不看了，明天还要上班，但是为精彩剧情所吸引，忍不住再看一两集也是正常的。

很多妈妈喜欢买时尚的服装、包包，可能家里已经有很多了，告诉自己不要再买了，可是，当逛街看到漂亮的、让自己增色不少的服装，是不是也会说话不算数，忍不住又去购买呢？欲望往往难以抵御啊！

这是人性，很正常。

如果坚决执行规则，容易引发冲突。

我儿子现在上初二，有时晚上要求玩电脑，我们不同意，他也不闹，可第二天就不去上学了。如果让他玩，就去上学。

后来请教了一位心理咨询师，按照他的建议，我们制定了家庭公约，明确每个人的责任义务。对儿子，特别提出玩电脑的规则，平时不能玩，周末可以玩多长时间，如果超时，第二天就不能玩了，并且要求严格按照规则执行。儿子本来是答应的，但是到了约定时间却不肯停下来，经过一遍遍催促，才勉强关机。那么按照规则，第二天不许玩，他就又闹，甚至动手打妈妈，自然也就不会去上学了。

根据咨询师的建议，我们明确，只有先去上学，才能玩电脑，告诉他只有你做好了自己分内的事，才能玩电脑，所以，就一直不许玩，一直僵持着。儿子每天就和妈妈闹，始终要求玩电脑。为此，发生了很多冲突。

最终，这种硬碰硬的方式失败了，孩子不上学了。

所以，就有了第三个原则。

规则的执行要有弹性

和孩子约定了规则，但有时他还要继续提出要求，这可能是正常的，所以，规则的执行要有弹性，可以再次先说好，再说不，满足孩子的要求，同时再和他约定。

那么孩子会不会得寸进尺，不讲规则呢？

我们一直先满足孩子的要求，再和他约定，其实是一直在强化孩子的规则意识：这些事情不能无限满足，需要有所控制，需要有规则，而且是以孩子愿意接受的方式进行的。

另外，我们好商量，孩子也好商量，到时候拒绝他时，他也会比较容易接受。

此外，如果开始就坚决执行规则，会引起孩子的反感。而规则的执行有弹性则避免了冲突和争执，有了良好的亲子关系，孩子会更合作，更愿意接受父母的管束。

一位初一男孩的妈妈在我这里咨询，他们母子关系不大好，孩子不大合作。

本来说好洗漱时不听手机音乐（建立的规则），昨天晚上他向我要手机听音乐，他说五分钟，我说好吧，今天可以，不是说每天都可以。结果今天晚上他又要听。我说不许，他虽然没有生气，却在沙发上躺了半小时还不肯去洗漱。这应该怎么办呢？

这一类规则本来也是不必坚决执行的。洗漱时听听音乐，是一种放松，也不会耽误多少时间，所以其实没有多大关系。而父母在关系还不太好、孩子还不大合作时拒绝孩子的要求，容易让孩子感到压抑、郁闷、烦躁，从而引起孩子的抗拒，结果直接浪费了半个多小时，而且之后还会有后续影响。

在实际执行中，往往需要多次有弹性，就是不断地先说好再说不。比如，说好这个月给多少零花钱，已经花完了，孩子还有想购买的东西，那么可以有弹性，再给孩子一点零花钱，只是重申需要省着点儿花。之后，孩子可能还会有需求，如果是合理的可以继续有弹性。这个过程中，实际上也是在不断向孩子渗透花钱需要有节制的理念。此外，零花钱本来有个大致范围就可以了，不必硬性规定数目。实际上，我家没有关于零花钱的规则，女儿有需要，只要要求合理，我一般都会满足，她也没有因此乱花钱，也懂得节约和精打细算，我指出某种花销不太值得时，她通常会说那就算了。

孩子有一次和我商量："妈妈，我现在上初三了，每天把老师布置的作业写完以后玩二十分钟手机，然后再做自己买的资料，可以吗？"我怕孩子玩手机上瘾就咨询了维尼老师，他说可以的。

可是有一次孩子用手机做题目，一边玩一边写。我发火了，就把每天玩二十分钟手机的权利给取消了。很遗憾，这次我没有咨询维尼老师。从此，我和儿子的战争便开始了！孩子偷偷地玩电脑，在家里到处找手机玩。有一次他拿我手机出去，回来就说把我手机给搞丢了。从那以后他总是把门反锁，不用说，肯定在房间里偷偷玩手机。孩子成绩下滑，渐渐丧失了学习的兴趣。经过很长一段时间我才把手机哄出来，可是孩子要求每天玩三小时，我也只好无奈地妥协了。有一天孩子说很想要一辆流行的自行车赛车（前不久才给他买了电动车）。他可能也知道自己的要求有些过分，就说要是我送他赛车，他以后每天就只玩二十分钟的手机。我怕这样会溺爱他，就咨询了维尼老师。维尼老师说可以买，满足了孩子的要求才能控制好手机的使用。买了赛车以后，孩子真的每天玩二十分钟的手机了。回想起来，如果我当初都按照维尼老师的理念来处理手机的问题，就不会走这些弯路了。

在多次有弹性地执行之后，孩子的需要基本得到了满足，而且也自觉理亏、心虚，此时就可以执行规则了。让孩子停止玩手机、电脑，拒绝孩子买东西的要求，孩子一般会比较合作；即使父母态度比较坚决，孩子一般也没有多大的反应或脾气。

一位初三女生的妈妈在我这里咨询，孩子学习成绩不错，不过不太爱写作业，压力很大，容易烦躁、发火，也比较逆反。妈妈按照我的建议，学着去理解和顺应孩子。有一天晚上孩子回来想先玩一会儿，妈妈考虑到孩子累了一天，想放松一下也可以理解，所以没有反对。之后，孩子开始写作业，写了不到一小时，很困倦，想先睡一会儿，妈妈想起我说的灵活变通，睡一觉起来再写可能效率更高，所以也答应了。孩子起来后把作业写完，将近 11 点了。第二天是教师节，孩子要给老师做贺卡，妈妈看到太晚了，说简单做做就行了，但是孩子要求还挺高，很精心地制作贺卡，妈妈想这是孩子对老师的心意，也就没有干涉。结束后已经 12 点多了，孩子提出想再玩会儿电脑。妈妈认为这是不可以的，不然早上会起不来，所以拒绝了孩子的要求，把电脑收到自己的卧室里了。因为前面多次理解、顺应了孩子，所以这一次孩子也没说什么。后来她虽然到妈妈卧室转了转，看起来还是想玩，但最终自知理亏，所以没有开口。因为能够理解、顺应孩子，妈妈的情绪也平静了，不去吵孩子；孩子很少发火了，放学回来常常很开心。

不必太坚持原则

妈妈：我特别爱按照书上说的做正确的事，爱坚持原则，缺少了灵活变通，怎么改变呢？

维尼：如果太坚持原则，容易让孩子愤怒，慢慢他会逆反，最后可能什么原则也坚持不了。

一位初三女生的妈妈向我咨询，她经常和孩子爆发冲突。其中一个重要原因是妈妈太坚持原则，不会灵活变通。

暑假期间，学校为了帮助学生利用好时间，让家长每天记录孩子锻炼的项目和时间、作业的完成情况、电子产品的使用时间等。这是学校督促约束孩子假期行为的一种方式，但是规定有些死板。孩子认为可以灵活一些，有时作业多写一些，有时少写一些；有时锻炼这个，有时锻炼那个，不必完全按照学校的要求来。妈妈则认为这是违反学校规定，所以一直没给孩子记录，因此多次闹得不愉快，孩子也被老师批评了。其实孩子的想法是有道理的，只要基本完成了任务就可以了，没有必要非要按照计划来。

老师要求家长关注孩子的学习，检查作业完成情况并签字，但是孩子不想让妈妈管作业，不让检查，所以妈妈就坚持原则，不给签字，让孩子很生气。学习是孩子自己的事情，而孩子的作业每次都完成了，成绩也不错，家长何苦那么教条呢？

第五节　如何应对孩子的恋爱问题

　　进入青春期，恋爱就成为一个常见的问题。父母担心早恋会影响孩子学习或者伤害孩子身体，这种担心自然是有道理的。不过孩子往往会锁上房门，手机也设置密码，蓄意隐瞒，父母可能也难以掌控情况。所以，保持沟通还是很重要的，孩子愿意和父母交流自己的感受，当孩子失恋或者饱尝单相思之苦时，父母可以帮着出出主意，也可以及时疏导、安慰，让学习不至于受太大影响。能够沟通，父母就可以及时给孩子一些建议，提醒孩子底线是什么，不至于出大的问题。

　　所以，我建议对于恋爱，父母可以表示理解，但不支持也不明确反对。从学习的角度来说，如果能不谈恋爱自然是最好的。但恋爱也是人生的一种学习和经历，学生阶段大部分是美好而纯洁的感情；或者有的只是稍微超出朋友关系的感情，有的只是好奇、新鲜……如果父母处理得当，顺其自然可能比干涉太多要好。如果孩子从中学到大学从来没有恋爱的经历也不见得是一件好事。一位女士对我说，她以前很听妈妈的话，大学毕业之前从来没谈过恋爱，毕业后不久就结婚了，其实根本不懂如何处理感情，不懂如何选择对象，现在想来这简直是一场赌博啊。

※ 这么多天我一直为儿子上网和女孩聊天感到困惑，为此和孩子争论过、生气过，都无济于事。请教维尼老师后，我和孩子调侃："儿子，你是不是喜欢那个女孩子啊？为了她偷偷用手机，也是不容易啊！喜欢一个人也是很好的事情，现在你长大了，能有一个聊得来的朋友也不错！"之后孩子就很坦然地和我说对方是谁，在哪个学校读书。孩子说："我正打算慢慢不和她聊了呢。"我开玩笑地说："不用这么自作多情，好吧？不要这么欲擒故纵，好吧？"孩子听了很开心，之后慢慢地和那个女孩聊得不多了。

※ 我女儿在高二时跟我说有男孩子发信息表示想追她。我当时就故意睁大眼睛问她："啊，真好！我闺女有人追了！小伙子帅不帅啊？"她看着我夸张的表情笑得前仰后合，说："人家妈都是把谈恋爱这件事视作洪水猛兽，哪有你这样的？"我说："我上学那会儿没谈过所以好奇嘛。话说你们这个年龄对异性有好感也是正常的、不奇怪。只要能把握好度，知道什么该做、什么不该做，我其实没什么好担心的。"于是顺势跟她讲了这个年纪还不能够对一份感情负责，如果真的互有好感可以一起努力提升自己，等到都长大成人了，如果还相互喜欢那就在一起好了。闺女很认真地告诉我，她知道自己目前该做什么不该做什么，让我放心好了。事实证明直到高中结束真的没发生什么。所以我个人觉得对于孩子谈恋爱，家长还是要先理解再引导，效果可能会更好。

※ 维尼老师,我儿子上高二。前段时间孩子恋爱了,但前些天突然分手了,孩子非常烦躁和痛苦,说不想读书了。我想起您的理念来,晚上陪他在网吧打了三小时的游戏,回来后他澡也不洗,我就一直陪他聊天,听他倾诉。之后一天儿子还是什么也不想干,让我陪他去打游戏,我就去了。我慢慢转移他的注意力,让他慢慢宣泄,过了几天他的情绪逐渐平静了。我就和他讲,适合的女孩子很多,以后也许会遇到更好的呢。如果一辈子只和一个女孩子谈恋爱,虽然也不错,不过可能也有些遗憾呢。等你慢慢成长,越来越优秀,以后会有更好的相遇……一周后,这件事情终于过去了。

※ 我女儿初中有两次所谓的恋爱,都是男孩子追她,我没有去过多干涉,最后都是孩子自己主动分手的。女儿处于崩溃状态时,都是我在边上陪伴。孩子需要我们温暖的怀抱,很多时候不要过多询问,只需要默默地抱着她就可以。现在女儿跟我说她高中不会再谈恋爱了,以后的路我陪着她走,只提建议,不干涉。

※ 我儿子上高一,告诉我初二就跟那个女孩好了。我感觉到他现在少有恋爱的快乐、甜蜜,更多的是痛苦和纠结、挣扎,成绩一落千丈,对自己极不认可。看着孩子的状态,我很心疼。恋爱的不顺,反反复复、纠纠缠缠是很折磨人的,孩子又无力,有时说书都不想读了。我听取维尼老师的建议,通过一段时间的无条件接纳,他现在能够跟我有少许的交流,即使是偏激的言语、发泄,我想也是好的。

实例：帮孩子一起处理那段青涩的感情

记得小学毕业的那个暑假，和女儿谈了恋爱的问题。我说："中学首要的任务是学习，你那么优秀，千万不可以谈恋爱哟！"女儿问我："为什么啊？"我直接回答："哪来那么多为什么？听大人的话没错的。"我那时认为小孩子不需要懂得那么多，听大人说的话就行了，根本没有把对孩子的情感教育放在心上，更别说正确的引导与交流了。

在七年级住校的一年里，除了周末回家，我们几乎没有什么交流，我也对孩子住校的事情不闻不问，可以说对孩子没有关心、没有沟通，我关心的只是成绩。暑假里我感觉到孩子有了些情绪上的变化，但是一看学习成绩还是那么好（全校第二），我就疏忽了孩子的变化。八年级时我开始陪读，放学后孩子自己在房间学习，到点休息，但我们依然没有交流。

后来老师告诉我女儿成绩下降了，是因为谈恋爱。我开始监视孩子，偷翻书包，回家后也用命令的口气训斥她，完全不给孩子解释的机会。在这样的怀疑与管制下，孩子越来越逆反，眼神中充满了仇恨与反抗，成绩自然也下降，而且还没有了信心和目标！八年级时，她成绩直线下滑，对我说谎，对异性依赖，我真的不知道如何是好了。

后来我看了维尼老师的很多文章，才恍然大悟，认识到了自己的错误。我一直以为自己爱孩子，但给孩子的却是有条件的爱，当孩子不按照我的要求去做时，我就会使出各种手段强迫孩子按我要求的去做，毫不顾及孩子的感受，更别说倾听了，结果是问题由小变大、由简单变复杂，变得一团糟。

惊醒之后，我决心改变自己，学着用维尼老师的理念首先去改善亲子关系。

沟通

有一天我和女儿沟通恋爱的事，就像维尼老师说的那样，先表示理解，再提出自己的建议供她参考。我说，我能理解你们的交往，也祝福你们的未来越来越好。但是目前我希望你们暂时把这段美好的情感放一放，把学习的事情抓一抓。你们都是优秀的孩子，妈妈祝福你们，也请你们学会管理好自己！我愿意改变自己，与你一起成长。

我告诉自己，先接纳、放下，细心观察、默默陪伴，让孩子了解我的想法后自己来处理。开始孩子也在观察、怀疑，在顾忌。当我真正顺应她的时候，孩子逐渐开始改变。虽然他们还有信息传递，但我感觉到孩子的情绪稳定了许多，会深入地思考一些问题了，偶尔也跟我交流一下。

礼物

有一次我发现孩子书包里有礼物，我没说什么。后来我发现孩子藏来藏去的，就跟孩子说："你书包里的东西妈妈看到了，放家里吧，妈妈看你背了几天了，妈妈理解你！"孩子欣然接受，拿出来放在了桌子上，并说她是搬家时怕我知道才放到书包里的。我们心照不宣地知道礼物的来源，我告诉自己已经跟孩子沟通过的事情就要相信，不再重复，这样就避免了孩子为了解释而说谎。

成绩

从小学到初一我从来没关心过孩子的学习，每次见面就问周考成绩，考好了会鼓励一下，没考好就唠叨个没完，也不知道帮助孩子去正确面对成绩，及时分析总结。到了七年级，孩子不爱说成绩，学习经常偷懒，在我面前演戏。八年级多了物理课，由于学习状态低迷，她的物理成绩不理想，青春期的逆反也越来越严重。此时我还没有意识到问题出在我这里，还是一味地强制管教孩子。结果孩子需要我们的时候就亲近下，过后就形同陌路。我很苦恼也很纠结，很恨我自己！

但是还要冷静下来，就像维尼老师所说的，先放下对成绩的关注，去改变自己的认知，让自己变得平和，之后再去改善亲子关系。

我学会放下家长的架子，平等地与孩子相处，相信孩子。面对孩子出现的问题，我都先去理解她，然后告诉自己这很正常，没什么，接纳孩子的一切，顺其自然。我相信只要自己改变了孩子就一定会变，我去发现孩子的优点，适当地鼓励、表扬、赞美，每天感恩孩子带给我成长的功课。随着时间的推移，我们的亲子关系越来越好，我也能适当提要求、制定规则了。

四月，一模考试过后，当孩子把成绩单拿出来的一瞬间，我和爸爸的心还是沉了下来，当时她爸爸就拿着成绩单开始数落孩子。我们的表现孩子也感受到了，孩子情绪很低落，竟然赶爸爸走，说不用爸爸陪，妈妈陪就好了。我没说话，只是默默地告诉自己，没什么，接纳孩子，顺其自然，还来得及，相信自己的孩子！其间我一直不时地看着孩子，用心和眼神陪伴她，给她信任和接纳现实的力量。孩子感受到了，当我调整好自己的情绪时，我真诚地、不带评判地说："我希望我们一家三口人相亲相爱，以后有事情我们一起分析解决，你能说出你的感受妈妈非常高兴。爸爸妈妈也需要学习改正，我们都需要时间。相信你能理解我们，我们也相信你是个优秀的孩子。只要你快乐就好，这次考试不算什么，包括中考也不算什么，只要你努力了就行。那我们一起分析吧。"孩子欣然接受，认真地分析了各科的失误点，然后又认真地制定了各科的学习方案。

中考百日倒计时开始时，我告诉自己一切顺其自然，只要孩子尽力就好，我也教给孩子用认知疗法调节情绪。早晨孩子会按照自己定的时间按时起床、洗漱、上学。孩子逐渐感受到我的改变，亲子关系更加好了，话也多了，积极地跟我说成绩的事情，愿意听我"唠叨"，有情绪也能自我调节得很好了。我有了积极的改变，孩子的信心也逐渐增强。五月孩子二模成绩是让人欣喜的，也相对稳定了。探讨志愿时，孩子由原来的没有目标、考哪里算哪里，到敢说冲击省重点，并开始为之付诸行动了。我对孩子的真诚和信任，让孩子轻松快乐了。

中考之后，这位妈妈告诉我，孩子考上了理想的省重点高中。

亲子关系处理好了，貌似复杂的青春期问题就容易解决了。

第六节　如何培养孩子的人际交往能力

建立良好的人际关系的秘诀就是学会理解别人，这样才能宽容，这也是通常所说的善解人意。另外，比较随和、好商量也是重要的，这会让别人觉得很舒服，如沐春风。

一位初一女生的妈妈向我咨询，说孩子不太合群，没有朋友，上学没有人和她玩。为什么会出现这样的问题呢？原来她对别人要求比较高，不大能理解别人。比如，她喜欢聊有深度的东西，很多同学喜欢嘻嘻哈哈，八卦一下，她觉得不好，不想参与，其实观点不同很正常，没什么；她觉得朋友就要对她最好，如果朋友对其他人也好，她就会觉得朋友背叛了她，其实一个人有几个朋友很正常，可以理解，这也是人之常情。

孩子之所以会这样，其实与父母有很大的关系。孩子妈妈总是不理解孩子，看到孩子的行为、言语不符合自己的标准，就想去说服孩子，改变孩子。受此影响，孩子自然就会在人际交往中什么都想按照自己的来了，可是谁会喜欢这样的同学呢？

妈妈恍然大悟：以前对孩子的各种行为细节要求得太多，太挑剔了，结果孩子对自己要求也高，对同学要求也高，导致不能理解同学，自然不合群。以前孩子和同学吵架，她总是劝孩子要包容同学、接纳同学，孩子不愿意听。妈妈自己不能理解、接纳孩子，却要求孩子理解接纳同学，这怎么可能呢？

　　如果一个人太坚持自己的想法，总想让别人按照自己的想法来，那么人际关系是不会好的，所以孩子需要学会随和、好商量，而要做到这一点，父母就要遇事好商量，不要太较真，学会灵活变通、有弹性，这样身教之下再给孩子讲道理，效果会更好。

　　另外，很多事情看淡一点，不那么介意别人的言行，心情会平和，不那么容易生气，自然是有利于人际关系的。这就需要父母多向孩子渗透三种思维。比如，别人会玩的东西孩子不会玩，这没什么大不了的啊，很正常；别人玩游戏时不理孩子，这很正常，因为要专心投入嘛；和同学一起唱卡拉 OK，想唱就唱，不想唱就不唱，顺其自然就好，不用勉强，唱得好也好，唱不好也没关系，无所谓，就是出来玩的，随意、放松一点儿就行。

　　慢慢地，这个女孩有了进步，对同学们的话没那么介意，也不那么容易生气了，逐渐就和同学们相处得好一些了。

　　当然，好商量、随和并不是没有主见、好欺负。我女儿是一个温和善良的孩子，笑眯眯的，随和、好商量，人缘不错。不过，她虽然在班里最瘦小，但还是很有底气的，不会受欺负。有时男同学惹了她，她胆子很大，用眼睛瞪着对方，有时还会做出反击，言辞也不示弱。每当她和我讲这样的事情时，我一般会支持她，一个人还是需要有底气的。在这之后，我也会劝她理解同学，把和那些不太喜欢的同学相处当作自己成长的机会。

第十章

如何化解孩子青春期的逆反行为

到了中学，父母和孩子的压力都大，孩子又比较敏感，很多父母不懂得如何处理和孩子的关系，所以，孩子比较容易逆反，甚至严重逆反。

那么如何化解孩子青春期的逆反呢？

第一节 与其"治疗"，不如预防

有个扁鹊三兄弟的故事值得借鉴。魏文王曾求教于名医扁鹊，说："你们家兄弟三人，都精于医术，谁的医术最好呢？"扁鹊说："大哥最好，二哥差些，我是三人中最差的一个。"魏王不解地说："请你介绍得详细些。"

扁鹊解释说："大哥治病，是在病情发作之前，那时候病人自己还不觉得有病，但大哥就下药铲除了病根，这使他的医术难以被人认可，所以没有名气，只是在我们家中被推崇备至；我二哥治病，是在病初起之时，症状尚不十分明显，病人也没有觉得痛苦，二哥就能药到病除，这使乡里人都认为二哥只是治小病很灵；而我治病，都是在病情十分严重，病人痛苦万分，病人家属心急如焚时治疗。此时，他们看到我在经脉上穿刺，用针放血，或在患处敷以毒药以毒攻毒，或动大手术直指病灶，使重病之人的病情得到缓解或很快治愈，所以我名闻天下。"魏王大悟。

这就是中医的"治未病"的理念。

《道德经》中说："其安易持，其未兆易谋。"意思是，局面安定时容易保持和维护，事变没有出现迹象时容易图谋。和治未病是同样的道理。

化解孩子的逆反也是如此。最高明的方法不是孩子逆反了之后采取办法，而是在亲子关系还不错的时候就学会按照合理的方式与孩子相处，让孩子合作，青春期自然安然度过。

如果孩子已经逆反，那么问题的解决相对就会比较难一些。父母说话做事就要小心谨慎，还要控制好自己的情绪，并做好忍受孩子情绪的准备，对孩子的很多行为也只能先少管，而且等待改变的时间可能会比较长。

如果孩子严重逆反，那么父母就需要更加谨慎小心，需要更多的忍耐，等待更长的时间了。这个时候其实是没有什么太好的办法的，对孩子的行为只能先任其自然或者不管，即使找我做咨询，我往往也只能劝告先顺应、等待，等关系好转之后，再慢慢去改变孩子。

早知今日，何必当初！为了避免这种痛苦的处境，父母还是及早学习合理的教育理念和方法，及早改变和成长自己吧。

维尼老师您好，去年年底我儿子叛逆很严重，亲子关系很差，我都要崩溃了，完全不知道该怎么办。后来看了您的《顺应心理，孩子更合作》，觉得您说得特别合我的心意。我顺应孩子的心理，不去想方设法和孩子较劲，先说好再说不，孩子合作多了。经过大半年的时间，现在亲子关系已经好很多了。真的是先把亲子关系搞好，孩子才能听得进去父母说的话。以前的我就是太较真了，孩子必须按我说的来，如果我能早些学习您的理念，就不会经历那段像无头苍蝇一样的黑暗时光了。

有两三个月的时间，什么都得按孩子说的来，什么都得听他的，他要干吗就干吗。我需要特别小心地说话，心里实在憋屈，有火不能发，都憋出内伤了。现在终于慢慢好起来了，经过这半年的时间，我完全变了，淡定了，感觉一切都变好了。现在儿子又黏我了，我也都尽量满足他的要求，之后我再跟他提要求时，他也比较配合，所以现在轻松多了。

第二节 先改变自己，再改变孩子

一名初中生曾经很逆反，甚至不上学了。后来妈妈学习了我的理念，改变了自己，调整自己的心态，慢慢和孩子的关系越来越好了。

现在想来，面对孩子的逆反，首先要调整心态，让自己静下来，不再那么焦虑。青春期孩子的叛逆，因人而异，每个孩子的表现都不一样，如果改变不了孩子，那么只能先改变自己，再慢慢带动孩子做改变。当然，这些都需要时间，需要耐心等待。先降低对孩子的期望，哪怕孩子暂时不上学了，也要冷静淡定。否则，硬碰硬的结果是双方恶目相对，亲子关系破裂，父母拿孩子一点儿办法也没有。

我心情平静了，学会了闭嘴，少唠叨。他开始不怎么搭理我，但现在我们基本能像朋友一样聊天了。

孩子不会像我们想象中那样不堪，哪怕他曾经口出狂言要如何对待我们，只要我们能温柔以待，就能逐渐与孩子和好的。

关系好了，有些原则就可以温和地坚持了。不发脾气不对抗，慢慢让他理解父母的难处与担心，他也会逐渐改变的。

第三节　孩子逆反了，对抗、冷落行不行

前面讲了，在和孩子的对抗中，父母常常处于下风。那么如果孩子已经逆反，就更不要对抗了。

有一个男孩，从小就不太爱写作业，不大想上学。到了初一，学习压力大，又对老师有意见，不想上学的现象就更加频繁了，而且面对父母也越来越逆反。孩子爸爸很苦恼，想通过建立权威来纠正孩子的问题。有一次周末，爸爸发现孩子的手机聊天内容不好，就坚持底线，坚决没收手机，结果父子俩爆发严重冲突，之后几个月孩子都没去上学。

改善亲子关系是化解逆反的必备条件，如果去对抗，往往会使关系恶化，导致孩子更加逆反，问题更加难以解决。父母终究是斗不过孩子的，如果孩子破罐子破摔，不肯合作，父母又有什么办法呢？

当孩子逆反、爱发脾气、不上学时，该怎么办？有的专家说不能对孩子好，不要理睬，有意冷落，让他长点儿教训，从而反省自己，省得不知道好歹。

这其实是一种冷暴力的应对方式，不能说完全没有道理，可能也适合某些孩子。但是，副作用可能比较大，存在风险，结果也难

以预料。如果亲子关系不错，偶尔这么做确实会让孩子有所警醒；如果关系不好，还对孩子频繁使用冷暴力，可能会使关系进一步恶化，孩子更加逆反。

　　曾经有一位初一男生的妈妈打算向我咨询。那时她和孩子的关系还比较亲密，孩子的问题不太大，只是爱玩游戏，和一些不爱学习的孩子混在一起，不太爱写作业。有一次因为作业的问题，孩子被老师勒令回家反省几天，规定必须交了检查才能上学，孩子却不肯写检查，妈妈很着急，所以，在决定咨询之前想听听我的建议。我觉得孩子的情况还可以，不必太较真，可以帮孩子写个检查，让孩子早早上学，其他的事情慢慢来。

　　之后妈妈没有马上向我咨询。过了十几天，她又非常痛苦地找到我，原来这些天她做错了太多。她又另外请教了几位当地的老师或专家，他们一致认为，孩子就是因为在家里太舒服了，所以才会不肯上学。那么，就应该让孩子在家里难受、难过，这样，他才会愿意去上学。这些建议听起来好像很有道理，所以她就这么做了。她在家里没给孩子什么好脸色，不理不睬、冷若冰霜；不给孩子做饭吃，孩子想吃什么自己做。结果孩子吃了几天方便面，哭了，说妈妈你怎么这样对我？两周后孩子离家出走，搬到一个不上学的孩子家里去了。开始妈妈还想晾一晾孩子，但是孩子好几天都不回家，之后再想去劝，孩子电话不接，人也不见，只有没钱了，才打电话要钱。这期间孩子一直不上学，整天和一些游手好闲的人在一起。

后来孩子被警察抓到派出所，联系爸爸来处理。爸爸想借机教训孩子一顿，竟不去派出所接孩子。这样一来，亲子关系彻底破裂了，孩子仇恨父母，基本不回家，彻底成了一个混混。

如果当初亲子关系不错时，妈妈听取了我的建议，总是有办法来改变孩子的。

有一名初二男生有一段时间出了一些问题，比如偷偷把妈妈的包拿出去卖了抵债等。为了改变孩子，妈妈出去了二十天，让孩子体会一下妈妈不在的感觉。后来，孩子看到妈妈回来很高兴，围着妈妈说这说那。可是妈妈听取了一位老师的建议，对孩子不冷不热。结果孩子看到妈妈这样子，很不高兴，本来有些缓和的关系又被破坏了。

冷暴力虽然不打不骂，但是对孩子的伤害不小。我和一名初二女生聊过。她爸爸有时觉得她犯了错误，既不打也不骂，就是不理女儿。孩子觉得这是冷暴力，她说感觉很恐怖、很难受、很压抑。

第四节　如何打破关系僵局

如果亲子关系很僵，那么就需要从小事开始，让孩子感受到父母的改变。

有个孩子逆反严重，平常不愿意和父母交流，父母也管不了他。而亲子关系的改善，是从起床开始的。以前孩子早上不肯起床，妈妈就很着急，孩子常常因此发脾气。现在妈妈接受了我的建议，首先理解孩子睡眠不足，想多睡会儿很正常。妈妈心情平静下来之后可以温和地多叫几次，每次叫醒孩子后，告诉他可以再睡个回笼觉，有时也可以说："你真不容易啊，这么早就起来。"如果时间快到了孩子还赖床，妈妈就和他说那就再睡一两分钟……从这个细节上，孩子感受到了妈妈的改变。

打破沟通的僵局，有时要从孩子感兴趣的东西开始。

一个初二女孩子说："我喜欢音乐，就玩唱歌软件，在里面唱歌。我爸妈知道了也下载了，有时候会抽空听我唱歌，还会送鲜花，我很开心。"

有一名初三男孩，中考前一个月压力很大，不上学了，把自己锁在房间里不肯与妈妈交流。妈妈后来想了一个办法，在手机里下载了孩子爱玩的游戏来玩，孩子一听声音就好奇地打开了房门，惊奇于妈妈居然也玩这个，还教妈妈如何玩。母子两个人一起玩，关系无形中被拉近了。

当孩子不愿意交流时，陪孩子玩他喜欢的东西，哪怕是游戏也是可以的。父母有时也需要去学习了解一下孩子痴迷的事情，比如游戏、动漫等，有了共同语言，孩子才愿意开启紧锁的心门。

有一名不上学的孩子，平常不愿意和父母交流。有一次玩一款英国的游戏，给爸爸看，爸爸表示有兴趣，孩子很开心，和爸爸交流了很长时间；但是妈妈不能接纳孩子玩游戏，所以很排斥，以自己瞌睡为由，拒绝了孩子的邀请。后来，孩子想和她谈谈自己创作的画，她也不愿意多谈，错失了打破僵局的好机会。

第五节　先改善关系，再寻求改变

如果孩子已经逆反或者有了严重的问题，那么需要首先修复亲子关系。从我接受咨询的经验来看，如果父母改变得比较彻底，按照顺应心理的方式与孩子相处，亲子关系修复起来会比较快，两三周或者一个月左右，关系就会有明显的改善。当然，也有部分孩子与父母敌对严重，再加上其他的问题，需要更长的时间才能慢慢改善。在这个过程中，父母需要先"少管"或"不管"孩子，学会理解和接纳孩子，更多地顺应孩子，孩子才会慢慢感受父母的变化。如果孩子逆反很严重，那么即使他不上学，通宵玩游戏，或者去网吧玩，父母也只能先顺应，此时坚持原则是没有意义的。

一名高二男生抽烟、打架，与父母疏远，没有目标，有些自暴自弃。以前父母会打他，但是现在打也不管用了。妈妈很着急，我建议妈妈采取温和的方式，发现问题不要急着批评和训斥，给他面子，好好和孩子讲。妈妈觉得我说得有道理。

妈妈发现孩子抽烟，没有去训斥他，只是看着他。孩子抽了两口，把烟掐了。妈妈说以后不要抽烟了，孩子也答应了。虽然说话不一定算数，但是这次孩子并没有当面顶撞，也算是考虑了妈妈的感受。

有一次孩子没上晚自习，跑去上网了。妈妈去网吧找到了孩子，没有当面批评他，只是说以后要上晚自习，孩子答应了。虽然以后他可能再犯，但是答应了妈妈，对他也是一种约束。

孩子学校离家很近，但他中午经常不回家吃饭，总买零食吃，这对身体自然不好，妈妈很焦虑。我建议妈妈还是温和地和孩子沟通，和他约定一周回家吃几次饭。后来妈妈和孩子商量一周在家里吃三四次饭，孩子也答应了。

妈妈采取温和的方式和孩子相处，孩子也感受到妈妈的变化，所以慢慢不再那么敌对了，很多事情也好商量了。孩子有时犯了错误，比如没去上课，也会和妈妈说实话。

有一名初二的男生，因为学习压力和迷恋玩游戏不上学了，情绪也常常低落。我建议妈妈先完全顺应孩子，主要给孩子以温暖和照顾，孩子去网吧玩也不说他，不想上学也不勉强。慢慢地，孩子和妈妈关系越来越好，能够沟通和交流了。通过交流，妈妈能够了解他的想法了，他的情绪也自然好转了。过了三四个月，孩子又有了想上学的念头，终于回到原来的学校继续上学了。

每个孩子都是想变好的，当孩子的情绪逐渐平静，向上的力量自然会显现；孩子也都想和父母关系好，父母改变了，让孩子觉得舒心，亲子关系自然会改善。

孩子的问题不是一天两天形成的，那么父母也不要期望孩子很快就能完成改变，这往往需要长期的耐心等待。

第六节　先顺应，让孩子自己体验

孩子想做什么，如果父母非要制止，那么他的愿望会更强烈，所以，有时不如先顺应，让孩子自己体验结果，这样既避免了冲突，又能让事实教育孩子。

一名男生在初二时因为与班长、老师发生冲突被老师罚停课并写检讨。孩子回家不但没有得到妈妈的理解，还被批评了一顿。这成了孩子的心结，之后孩子不但经常旷课还接触一些"坏孩子"，后来叛逆到打架、吸烟、去网吧玩通宵。其实孩子心里也想着学习，但是没有信心，想混到初中毕业就去打工。

爸爸以前过问孩子的教育太少，看到这种情况就开始更多地参与教育，并决定向我咨询。一段时间后，亲子关系有所好转。初三开学前一周，孩子提出要玩手机，不然就去网吧。爸爸开始不答应，他就和爸爸冷战了几天，连个笑脸也没有。其实，如果孩子跑去网吧，父母也没什么办法，所以我建议让孩子玩手机，同时约定每天不要玩得太久。这样，亲子关系缓和多了，孩子一般凌晨之前就睡觉了。

马上开学了，孩子又提出要把手机带到学校，否则不去上学。这自然违反学校的规定，虽然孩子说只是下课玩，但是上课也可能会玩。孩子说不会被老师发现，但这基本不可能，所以最终的结果是手机被没收。爸爸很纠结，我建议先和孩子反复说明可能发生的情况，之后再同意他带手机去，让他自己体验、承担后果。过了一两天，手机果然被老师没收了，爸爸被叫到学校，领孩子回家停课两天。我建议爸爸还是要温和地对待孩子，不必批评。这之后，再去上学，孩子就没有再提带手机的事情了。

　　有一名高二男生，初中就一直排斥学习，上了高中读了一年后因为压力太大不上学了。一开始，他想做游戏职业赛选手，父母就顺应他，让他按照职业选手的作息来训练。这样过了一个多月，每天十多个小时玩同一款游戏已经让他开始厌烦，他也发现自己其实天分不够，心里明白这条路是走不通的了。后来，他又想去打工，便去工厂干了一个月。这对他有些触动，让他知道初中学历根本找不到好的工作。后来他又去一家超市打了一个月工，最大的收获就是知道了挣钱不容易，于是，他下定决心重新读高中。

第七节　孩子迷恋游戏怎么办

前面我们探讨了关于手机和游戏的管理，需要建立规则帮助孩子控制，这种方法适合于亲子关系不错且尚未沉迷于游戏的孩子。如果孩子已经有些沉迷游戏，甚至游戏成瘾，该怎么办？

如果亲子关系比较差，孩子逆反，那么父母就难以和孩子建立规则，或者有了规则孩子也不会遵守。此时，还是不要采取断网、收走电脑，甚至摔电脑的方式，因为这样常常会引发冲突，导致孩子更加逆反，父母往往也没有办法解决。我在接受咨询中多次遇到这种情况，孩子本来情况可控，却在父母摔手机、砸电脑之后关系破裂，变得更加逆反。所以，先多顺应，即使孩子游戏玩的时间长也要耐心地等待，父母把其他该做的事情做好，等关系好了，再慢慢去建立规则。

如果亲子关系很糟糕，孩子逆反严重，甚至不上学了，那么只能先完全顺应孩子，即使孩子玩通宵或者去网吧玩，也不得不答应。有时孩子提出一些要求，比如网速慢、电脑性能低，要求提速、提高电脑性能，也可以满足。因为如果电脑性能差，玩游戏时卡顿，孩子就容易烦躁、发脾气、摔摔打打，父母还不如满足要求，至少孩子情绪会平静一些。之后的重点当然还是恢复亲子关系。

当然，如果孩子已经玩游戏成瘾，那么解决起来还是比较困难的。所以最好的策略是预防，在问题尚未发生或者还不严重的时候，处理好亲子关系，赢得孩子的合作；用良好的沟通，帮助孩子减少压力和烦恼；帮助孩子学习，使孩子保持学习的兴趣和信心；不要让孩子全部时间都用于学习，让他的生活丰富有趣一些，比如抽出一些时间看电影、和同学玩、聊聊天、运动，那么游戏对他的吸引力自然会减少。

实例：儿子曾经迷恋游戏

儿子今年十五岁，小学时成绩不错，喜欢读书，就是不爱写作业。

小升初考试结束，他迷上了玩电脑。开始我给他限定时间，可到了时间他总是不下机。那时我还没有接触维尼老师的理念，不知道规则的执行要有弹性，所以，我就吼他，我们经常吵起来。开学之后，课程比较轻松，作业很少，他又要求每天玩半小时，周末每天玩四小时，我和他爸爸也同意了。结果有一个周六的晚上，他玩起来就没完没了，10点了还不睡觉，我一看就喊了他几句，他爸爸听到了，冲过来就揍了他一顿，还吼他，把电脑键盘砸了，孩子很伤心。

但这次砸电脑事件并没有使他守时，没过几天孩子又开始到点不下机，我们为此多次发生冲突。我无能为力，情急之下求助了他的班主任。班主任把孩子叫到办公室进行批评教育，这下他对班主任的态度由尊敬转为愤怒，甚至开始讨厌班主任主讲的学科——数学！曾经考高分的他，现在数学成绩竟不及格。如今看来，这两件事情我们都做错了。

后来我看了一本书，作者建议玩电脑不限时间。我被震撼到了，但又觉得好像找到了妙方，决定对孩子放手。可是接下来的情形更让我揪心。孩子每天回来饭都顾不上吃，就先打开电脑，沉浸在游戏里面，直到晚上9点，有时甚至是10点，才开始写作业，等他写完了，就11点多甚至12点了，然后才去睡觉。有一天我凌晨2点多醒了，看他屋子大开着灯，冬天的北风从打开的窗户吹进来，书桌上散落的书本被吹得哗哗响，孩子已经困得衣服都没脱，横躺在床上睡着了。我心里真是又生气又心疼。那个时候的孩子，每天熬夜，作业几乎做不完，经常发脾气、暴躁，每周都有一天找各种理由不去上学，成绩直线下降。

现在看来，每个孩子都是不同的，那本书的作者的孩子能力突出，也有一定的自制力，即使玩一段时间电脑学习也能赶上去。而我儿子本来就已经落后，能力也没那么突出，学习中本来就缺乏成就感，这个时候放手，他就更加落后，难以赶上去，就更容易自暴自弃，越来越糟糕。

后来我决定在维尼老师这里咨询。老师说首先要考虑孩子的感受，顺应孩子，改善亲子关系，再学会合理地管孩子。开始时孩子进步缓慢，甚至有时看起来更加严重了。不过随着我慢慢地反省，试着降低对孩子的期望值，理解孩子，发现孩子的各种行为确实是正常、可以理解的，就逐渐能接纳他了。

我找机会跟他聊天，给他推荐一些好看的小说、电影和心理学读物。儿子慢慢地有了进步，比如，有几天突然不再熬夜，说他们班的同学都是9点睡觉；突然帮我做家务，擦地；有几天给我说，实在不知玩什么好了，游戏都玩腻了；突然说出一句关心我们的话，等等。这期间他的状态不断反复，过了一年多才比较稳定。现在，他只是偶尔在休息日熬夜了，电脑虽然还是每天玩，不过游戏不是主要的了，他也看看热点新闻、电影，有时逛逛淘宝，另外也看杂志或者电视节目。

儿子目前学习方面还不理想，写作业仍然不是那么积极，每周还是会有一天不上学，但成绩倒是提高一些了，回到了中游，增强了信心。我对孩子基本以鼓励为主，他想读高中，还说要在明年最后一学期努力。

虽然这两年经历曲折，但是我和儿子总算都成长了，这也许是成长的代价吧。将来儿子无论能否上普通高中，我觉得都可以顺其自然，未来的路还很长，还有希望。

实例：从青春期的逆反中重生

这是我最早做的一例咨询，到现在整整六年了。我还记得当时这位妈妈的痛苦和无奈，还记得其中曲折、反复、艰难的过程，还有这位妈妈告诉我孩子考上了大学时我的欣喜。

9月5日，送孩子去大学报到，开学至今已二十多天了，明显感觉孩子在大学生活中不断进步。回顾孩子近三年来曲折的成长经历，欣喜之余，是对维尼老师的感激。我拜读老师的每一篇文章，改变认知，调整心态，和孩子一起走过不平凡的三年，终于守得云开见月明了。

孩子上初三时，有一次被人打破了头，具体原因孩子一直不肯说。渐渐地，以前那个听话的孩子完全变了，逃学、上网、打架……后来直接不再进教室了，成天在学校附近游荡，与其他不上学的孩子为伍，三五成群拿着长棍短棒，追来窜去，任凭我们家长想尽各种方法都毫无改善。无奈之下，我把孩子送去了某特训学校，希望全封闭的环境让孩子隔离原来的朋友圈。半年后孩子回来了，刚开始一个多月里，他表现很好，按时上课，认真听讲写作业。还剩一个多月就要中考时，孩子又故态复萌，不想上学了，之后还出了事情。我们怕他再和那些不务正业的孩子成天搅在一起，就在中考结束后，马上又强行将他再次送去了特训学校。这一次对他伤害挺大，很长一段时间他不再信任他人，心存怨愤，对我们也充满戒备，回来做了不少让我们伤心、惊心的事情。

那一段时间我真是灰心绝望，也对孩子充满了愤恨。我不想回家，到妹妹家住了两周。妹妹介绍我认识了维尼老师，我开始在维尼老师这里做咨询。

维尼老师听了我的情况，分析说孩子出现今天的问题，其实与我有很大的关系。孩子从小学时就经常挨打，我却不知道，无奈之下他只能投靠其他爱打架的孩子，才能保全自己；我以前对孩子过于严厉苛求，指责和否定多于鼓励，孩子学习成绩不好本来就难过，我不但没有帮助、安慰，还把满腔怒火发泄到孩子身上，让孩子越来越灰心……

我认识到自己确实有很大的责任，所以就不那么生孩子的气了，而是怜惜孩子的处境，决心回家之后和孩子好好相处。我的态度转变了，过了两周，孩子和我的关系就有所好转了。后来花了大半年的时间，儿子慢慢不再戒备我们，基本能和以前一样有效沟通、交流了。

维尼老师告诉我，爱和信任是牵住孩子的一条绳索，虽然有时孩子可能会辜负我们的信任，但是只要你坚持信任他，他自己就不好意思一直欺骗父母。对此我非常认同。此前我和孩子的关系一直很好，初三以后孩子叛逆，在管制与反抗中，我们的关系越来越紧张恶化，彼此出现信任危机。后来，我首先开始改善亲子关系。孩子是很敏感的，他渴望被尊重，内心希望得到父母的认可。我不断告诫自己改变过去居高临下、盛气凌人的姿态，避免让他反感，学会尊重孩子，倾听孩子说话，不批评、不指责。很多次，我下班后回到家里，发现孩子还在睡觉没去上学，想到他会不会身体不舒服或晚上没睡好，关切地询问，而不像过去满面怒气、武断指责。青春期的孩子，有着自己评判是非的标准，不是一句简单的对错就可以让其认可的。面对孩子的行为，无论我自己能否接受，我都尽量不妄加指责，这样，孩子反而更愿意诉说了。家里发生任何事情，我如实告诉孩子，征求孩子的意见和建议，父母争执不下的事情请孩子评判，让孩子帮理不帮亲。慢慢地，亲子关系得到极大改善，虽然有时也有争吵，但基本都是由于我自己没有很好地理解孩子，语气生硬粗暴，又犯了絮叨的毛病引起的。争吵虽然是不好的表达方式，但也反映了双方的想法。每次争吵之后，我和孩子都会反思，想想对方的诉求，不好的情绪发泄以后，关系更亲了。

当然，孩子的改变不可能一蹴而就，进步是在反复曲折中进行的。维尼老师说，育儿也要学会"抓大放小"，充满智慧。我对儿子吸烟的行为一度耿耿于怀，对他的交友圈也惴惴不安，维尼老师让我先放下这些，告诉我首要的是让他重回学校。那时儿子经常逃课，帮别人打架，但一来二去他自己也意识到不能长此下去，便离开本地，休学去外地打工了。转了一圈后，孩子发现打工并不像自己想象中那么容易，在高二上学期开学后就赶回来继续上学了。儿子回来后不再参与打架了，发信息给我说两年没有好好上学了，想到父母的期望还是回到课堂上，不再和以前的朋友来往。刚开始的一个多月他坚持得很不错，之后却反反复复，逃课去网吧打游戏、借故不参加考试……我们假装不知，也不拆穿，私下和老师沟通，找他谈谈心、聊聊天，抓主要矛盾。只要主要问题得到有效解决，细枝末节的小事何必较真呢？就这样，孩子在这种波浪式的反复中慢慢迎来了高考。

这个过程回想起来也是一种煎熬，但我总记着维尼老师所说的：孩子的改变是需要一个过程的，不可能马上改变，所以，对于现状要接纳，而长远一些的目标是促成孩子的改变。这样我才能逐渐不那么痛苦地接受现实，然后考虑如何帮助孩子重拾信心。我不断学习反思，按照维尼老师"先理顺关系，再寻求改变"的建议，理解孩子，无条件地关爱孩子。

孩子虽然只考上了专科，但我们却很满足。老公的一个同事很羡慕，私下谈到他家的儿子时懊悔不已，后悔当初孩子在发生类似经历时放弃他，致使孩子过早辍学。以前，老公总是抱怨孩子不学好，对孩子的话心存疑问，还怪我偏信孩子，我和他常常为此争执。一直以来，无论孩子出现什么样的问题，碰到什么样的困难，我都不肯放弃，我的力量源于我心里坚定的信念：人之初，性本善。一个孩子能够坏到哪里去？即使全天下的人都放弃他，做父母的也永远不会舍弃。

孩子上大学之后，参加新生演讲比赛获得了三等奖，竞选成为班委会成员。孩子获得了肯定，越来越自信，越来越阳光。孩子现在隔三岔五就和我通电话，事无巨细都愿意告诉我，也很能听取我的建议。看来只有真正理解孩子，尊重孩子的想法，他才愿意把你当朋友。

这就是维尼老师所说的家庭教育的两块基石：一个是相信孩子都是想学好的，都有上进心；另一个是相信孩子都是想和父母好的，都希望和父母相亲相爱。这是孩子能够进步和亲子关系能够改善的基础。正是这种信念支撑着我坚持了下来，也见证了孩子的成长。

其中的过程很艰难，有时我也是无计可施，只是告诉这位妈妈，一定要处理好亲子关系，然后慢慢等待孩子的改变。母亲是伟大的，不会放弃自己的孩子，所以，才有了一个美好的结局。

实例：从亲子关系的僵局中突围

中考前一个月，一位妈妈满怀焦虑地找到了我，决定在我这里做一个月的咨询。这位妈妈之前曾经学习了多年的家庭教育，看了很多年的家教书和文章，也专门参加过家庭教育的学习班，每天坚持写反思和总结，现在却遇到了很大的困惑。

孩子再有一个月就要中考了，他现在几乎是放弃的状态，有想学的意向，但就是无法付诸行动。这两天二模考试，他反而不学了，每天要求上网浏览网页，玩足球游戏。以前他都是周末玩，不知为何，现在考试之前总是要玩，真是让人焦虑啊。

　　我没有和孩子交流过，于是将重点放在妈妈如何改变自己，如何顺应孩子上，告诉她其实孩子是想考好的。

　　孩子进入初三后，我们的关系就闹僵了，战争此起彼伏。我无法理解孩子，也不相信我学了多年的家庭教育，竟然如此失败。那段时间，焦虑、恐惧是我生活的全部。眼看着中考即将临近，孩子依旧未能投入学习中去，难道，就这样眼看着他堕落下去吗？在走投无路之际，我阅读了维尼老师的《顺应心理，孩子更合作》，才恍然大悟：都是因为我执着于学习习惯、生活习惯的养成，一直与孩子对着干，才造成了现在的一切。

　　因为孩子是我们双方家庭中唯一的男孩，所以婆家对孩子格外在意。我唯恐娇惯和溺爱了孩子，所以很少让孩子回奶奶家。对孩子物质上的要求，我很少满足。孩子小时候的衣服一般我都买特价处理的，从小注重培养他艰苦朴素的意识，然而现在他却非名牌不穿。现在想来，我还是太死板地相信某些教育观念，忽略了人性中柔软的地方。多让孩子去奶奶家又怎么啦？给孩子适当的满足，让孩子开心，不好吗？

　　精神上，我也信奉那些教育观点，希望他将来能成为顶天立地的男子汉。孩子上幼儿园时，正流行奥特曼。孩子很迷恋奥特曼的一切，但是我认为那是对孩子的毒害。曾经我把奥特曼光盘收集起来，当作垃圾扔在门口，不知被谁捡走了，孩子伤心地哭了好几天。

现在看来，我太上纲上线了。我很少顾及孩子的感受，只按学来的方式教育孩子。孩子现在叛逆，大部分是因为我上纲上线，太过教条造成的。

孩子有时候会拧我的胳膊，说："疼吧！记得去上海的时候你经常这样对我。有一天，我发现能打得过你了，所以就不怕你了。"孩子现在对我的方式，就是我以前对孩子的方式，孩子真的是家长的镜子呀！

认识到自己的错误不难，但是改变却不那么容易。用维尼老师的话来说，冰冻三日非一日之寒。用我自己的话来说，书在看，错误仍在犯。

为了让孩子的初中生活有个圆满的结果，在临近中考一个月的时候，我决定咨询维尼老师。维尼老师详细了解了情况，说目前最重要的是修复亲子关系，关系好了，再把学习提上议程。暂时放下学习？！这是我以前没有想到的。

孩子上了九年学，我一直是听话的好家长，永远站在老师的角度看问题。学校老师再三强调家长要配合老师的工作，督促孩子按时完成作业，按时听写，检查副科的背诵等。我若不这样做，岂不是违背了老师的好意？虽然没有完全理解维尼老师的话，但是我们还是采纳了维尼老师的建议，而且孩子爸爸还非常赞同维尼老师的观点。这些年，我看了很多教育孩子的图书，孩子爸很少过目，唯独《顺应心理，孩子更合作》他和我抢着看。这么多年，孩子都是由我来教育。当我们母子关系僵化后，孩子爸开始介入。有时，我们母子动手时，我还抱怨孩子爸袖手旁观。现在想想，如果孩子爸和我一起来教训孩子，结果一定会更糟糕的。爸爸也尽量推掉一些应酬，按时回家，按时抄写老师布置的作业项目，交给孩子，至于孩子做多少，不去关注。说来也奇妙，这样一来，孩子的名字很少出现在未交作业的名单上了。

交流中我发现，这个孩子也是希望自己能考好的。所以，父母坚信这一点，先修复亲子关系，孩子自然会成长。

以前孩子对老师不满的时候，妈妈总是站在老师的立场上帮老师说话，结果总是不欢而散。现在，妈妈学会了先去理解和接纳孩子，看到了老师也有问题。她第一次体会到了和孩子成为一伙儿时孩子有多开心，而最终孩子也理解了老师。

以前我很焦虑，面对中考，我的压力比孩子都大，所以处处关注孩子的学习，希望孩子放下其他所有的事情，只关注学习。然而孩子正值青春期，有自己独立的想法和观点，加上我多年的管制，孩子必然要反抗。

我有个习惯性思维，就是希望孩子多考一分是一分，让孩子的初中生活有个圆满的结局。维尼老师说，我太执着了，追求完美，总想做到最好，但是这种想法恰恰会让自己焦虑，让孩子逆反，反而失去了更多的分数。不是所有事情都是自己能掌控的，那么忧虑也没有用处，不如努力之后顺其自然，心静下来，不给孩子过多的压力，孩子反而能学得更好一些。一语点醒梦中人，我的心释然了，心情如当天的阳光般灿烂。

维尼老师还说，孩子现在的学习主要是为了考上一个好一些的学校，知识本身未必用处就那么大，孩子的心理健康、性格培养、为人处世的方式都是需要关注的，这些对未来更重要。想想确实如此，其实应该放眼未来，不能只盯着孩子的学习成绩。

当然，当我和孩子发生冲突时，在情绪亢奋时，我也会忘了维尼老师的观点。事后，我会把事件写在日记里，作为自己反思的材料。当描述完后，我发现问题往往还是出在自己身上，还是先自己成长吧。

临近考试，孩子却迷上了亚洲杯，嘴上说看完这场下场就不看了，但他很难抵御球赛的诱惑，不看球赛也看新闻，我的手机流量用量逐日上升。维尼老师说："你就让他看吧，亚洲杯也快结束了，再说没有几天就考试了，大局已定，他有心情看球赛说明不是那么在意考试，心态还不错，就顺着他吧！心情好了，考试才能发挥好。"孩子一直在看比赛，考试期间也没错过，曾经有一晚看到12点，他爸也顺着他了。用他爸的话来说，就当优秀的孩子失眠吧！所以，考试期间，我家孩子吃得饱，睡得香，玩得欢。

考试前一天，孩子的情绪波动较大。维尼老师说这证明孩子也是想考好的，现在孩子想干什么就干什么，让他放松自由，其他什么都不要考虑，做家长的能平静对待就是对孩子最好的支持。当然，具体如何应对考试压力，应对一些突发情况，维尼老师也给了一些具体的指导。后来孩子考试发挥正常，顺利考入了高中，达到了我们预期的目标。

回想过去，为什么以前好像自己学习的教育理念很科学、很超前，却收效甚微呢？现在我终于明白了，是因为我以前没有根据孩子的情况来选择适合孩子的方法，太死板、教条。维尼老师说要实事求是，适合的才是好的，现在看来太对了。

爸爸的想法与维尼老师比较契合，他说改变我比改变孩子更难，以前我还不服气，现在彻底服了。改变是痛苦的，有时是撕心裂肺的，表面上风平浪静，内心却波涛汹涌，一浪高过一浪。明明这件事情我没错，但是现实要求我必须退一步，我真的转不过弯来。此时我会默念维尼老师的话：和逆反期的孩子相处，有时无法坚持我们的原则和规则，只能先接纳、不较真，先顺着孩子，把亲子关系的改善放在第一位，等亲子关系处理好了，再适当有所坚持。这样我痛苦的心就会平静很多。

孩子顺利考入高中，他要求我们给他十天的放松时间，我们顺从了。现在两个十天过去了，他的主要任务就是看电视、上网、同学聚会，再就是睡觉，而且睡得晚起得晚。我也发过火，他爸说，不能急呀，否则会前功尽弃的。现在，孩子已同意开始学习了，他说玩其实也很累的。

改变是个反复的过程，我也要接纳自己，慢慢来吧，路对了，需要的就是坚持。

实例：不做虎妈，也可以教育出优秀的孩子

她本是一位温和的妈妈，不合理的教育理念使她变成了虎妈，导致亲子关系破裂、冲突不断。改变认知、转换理念之后，她又成为温柔的妈妈，和孩子一起成长。

今年儿子顺利通过了中考，回想去年此时的我和现在判若两人。这一年，在维尼老师的帮助下，我从一个焦虑的妈妈变成了一个积极乐观、心态平和的妈妈。

初二时，儿子成绩开始大幅度下滑，我的心情非常低落。以前每个寒暑假我们都会列作业计划，回家后检查，但是初三前的暑假，计划却突然执行不下去了。我认为一定是因为我管理不严，导致他玩游戏上瘾，每天作业做不完，说话不算数，成绩下降……于是，"战争"爆发了。我开始非常严厉地管孩子，比如要求他今日事今日毕，哪怕做到夜里12点也要按计划完成任务；没有按照要求做作业，重写；答应做的功课反悔不做，说话不算数，我就发脾气，声音高八度。可他也扯着嗓子跟我对喊，每天都说我烦死了，叫我闭嘴，动不动就摔门，吵到激烈处他用头撞墙，有一次气得到厨房拿菜刀，还说要离家出走。

　　我用的一切办法对他都无效，反而让我们的亲子关系越来越差……我很难过，想不通孩子为啥变成了这样。我每天做什么都没有了兴趣，一想起孩子这个样子就想哭，曾经以他为骄傲的梦想破灭了；从来不失眠的我，每天到了凌晨 4 点就醒了，躺在那里胡思乱想，心想他不知道能考上什么高中，考不上好高中就上不了好大学，上不了好大学就没有好工作，也许将来还会啃老……这可怎么办呢？想着想着就泪流满面。

　　后来我在维尼老师这里做了一年的咨询。维尼老师提出的三种思维和面对孩子要求的三个原则深深地影响了我，帮助我从痛苦焦虑之中走了出来，慢慢学会了和孩子更好地相处。

一、调整好自己的心态

　　和孩子相处，心态很重要。我学会用三种思维来调整心态，也慢慢去影响孩子，逐渐摆脱了焦虑和担心，学会了淡定、从容。

　　维尼老师说：孩子出了问题看起来是件坏事，但是也会促使我改变教育方式，对自己和孩子的成长都有好处，经过努力，坏事可以变好事。转换认知，我心里感觉好多了。

　　我以前总担心孩子上不了好高中、考不上好大学。维尼老师说：不同学校之间虽然有差别，但是差别没有看起来那么大，可以放下对于成绩过度的执着，努力之后顺其自然。这是我以前没有想到的，认知改变了，心情也就转变了，不再那么为孩子的学习而焦虑了。

开始我总担心孩子的将来，导致自己很焦虑。维尼老师说：关心亲人，担心亲人，是美好的感情，但是到了牵肠挂肚的地步，对自己是一种煎熬，其实对亲人也没什么帮助。因此只需做好我们能做的事情就可以了，每个人都有自己的命运，努力之后对结果顺其自然。我把这段话牢牢地背诵下来，经常默念给自己听，对缓解焦虑起了很大的作用。

"很正常，没什么"，看似简单的六个字，对于调节情绪的效果却很好。当孩子的行为令我难以接受时，比如多玩了游戏、不愿意天天洗澡、理发不勤……我就尝试理解孩子，他的行为很正常，没什么，心情就没那么焦躁了。初三作业多，孩子有时喜欢先睡一觉再起来写，开始我不能理解。维尼老师说，先睡后写也没什么，花费的时间其实是一样的，孩子目前是这样的特点就先接纳，以后再慢慢改变。想想也是这样的，我也需要灵活一些，先顺应孩子吧。

二、学会运用三种原则

孩子经常会提一些要求，有时虽然觉得不合理，但是难以拒绝，怎么处理才好呢？

比如孩子学习时想喝可乐提神，我觉得可乐喝多了对身体不好，不希望他喝，可是孩子不愿意。维尼老师说可以"适当满足、适当拒绝"，喝多了不好，少喝点儿问题也不大，所以就先答应孩子可以喝，但是和他约定每天不超过一小瓶；孩子有时睡觉前实在不想刷牙，我也不过于坚持，不刷就不刷吧，约定好明天一定刷，孩子一般也会做到……这样，我与孩子之间少了很多不愉快，避免了冲突。

初三下学期，学习时间本身很紧张，可是孩子却很想看他喜欢的足球赛。他喜欢多支球队，想一场不落地看很多场。我跟他商量，适当满足他的需求，也适当拒绝了一些影响第二天上课的球赛，跟孩子达成了一致。暑假旅游时，孩子要用手机流量看直播，我也适当满足了他充流量的需要，但也告诉他花费太多的话妈妈舍不得，他也能理解和配合。

以前我从不跟孩子讨价还价，认为孩子就应该按照正确的做，说一不二，所以跟孩子产生了许多矛盾和冲突。现在想想孩子也有他自己的道理，我终于学会了灵活变通、有弹性。维尼老师说，父母好商量孩子也会好商量，后来孩子不执拗了，也越来越随和，这样自然好相处了。

之前我动不动就跟孩子说"大丈夫一言既出，驷马难追""一言九鼎"，还经常说"今日事今日毕"，只要孩子没有完成我们约定好的事情，我就会上纲上线，批评孩子。而以此为导火索引发的争吵让我苦不堪言。维尼老师说：规则的执行要有弹性，这样更符合人性，面对诱惑，我们自己也会常常说话不算数，所以孩子有时说话不算数是正常的，可以理解。

我恍然大悟，慢慢学会了规则的执行有弹性。比如孩子睡觉前希望玩一会儿游戏再睡，我跟他约定好打一局，可是有时候他一局没打好或者意犹未尽，跟我说还想再打一局时，我也会同意，同时提醒明天还是一局哟。双休日约定他玩多久游戏，有时超时了，我去提醒他，同意适当延长游戏时间，通常过一会儿他也就主动结束了。

我的心态好了，可以和孩子更合理地相处了。刚开始那段时间我总是小心翼翼，但关系好了之后就放松多了，很多事情都好说。慢慢地，我就可以坚持自己的原则了。比如以前孩子总是让我帮他把自行车扛到楼下，现在他比我都高大了，我觉得这么做不合适，所以告诉他以后可以自己扛了。他有些不好意思，说以前没有想到这个，以后不再辛苦妈妈了。

有时孩子和我说一些让他气愤的事情时，我会按照维尼老师说的，先理解肯定孩子，与孩子共情，再提出自己的建议，去和孩子沟通。慢慢地，孩子也越来越愿意跟我讲心里话，和我说很多事情了。

孩子惊异于我的变化，好几次对我说："妈妈你那时候真是冥顽不灵，我还以为你更年期到了呢！"我告诉他，妈妈那不是更年期，是不懂教育，犯了错误走了弯路，现在知道那时做错了，妈妈会改正错误，相信我们家会越来越好。

这一年，当我放下对于孩子学习成绩的过度执着，开始关注孩子的心理健康、性格培养，关注孩子当下的幸福，我和孩子的关系越来越好，孩子也更合作了，学习态度和成绩也比较稳定，我也告别了以前的痛苦和焦虑，重新体会到了与孩子在一起的幸福。

实例：一个经历过青春期风暴的家庭成长故事

我和老公自幼都是学校的优等生，大学都上了国内名校，读硕士时谈恋爱，毕业后一起到大城市工作。我在孩子婴幼儿时期也读了很多育儿方面的书，也花了不少时间陪伴孩子，希望孩子快乐、健康地成长。在孩子上中学以前，亲子关系看上去一直很好，孩子性格温和，感情丰富、敏感，学习成绩优良，属阳光少年，也全面发展。我们允许他玩电子游戏，也不强迫他学习不感兴趣的东西。

整个过程看似都没什么问题，但回头看，到小学高年级时，孩子已经遇到了困难：学习成绩一直不冒尖，交友也遇到困难，开始有些厌学，而我们却因为自我感觉良好而不自知。

首先说说我们过去的几个错误认知。

错误认识 1：只要用功，学习就会好（学习成绩不够好说明学习还不够努力）

因为我和老公从小就是优等生，不理解为什么孩子的成绩排名就是上不去，总觉得是孩子不够用功、不够努力、不够仔细。这种困惑传递给孩子，形成了无形的压力。

学习成绩好需要努力 + 方法 + 悟性 + 基础，而不是只要努力就能学好的。如果大家都很努力，那么悟性就很重要了。

错误认识 2：只有学习好、考上名牌大学，将来才能过上好生活

我过去认为只有学习好，才能考上好的学校，才能找到好的工作，才能有过得去的生活。我经常这样灌输，孩子也这样想，这更是增加了他的压力。

错误认识 3：除了学习，不能对任何东西上瘾

我们规定只能周末和假期才能上网、玩游戏，每次不能超过四十五分钟。一旦出现上瘾的苗头，我和老公都会及时采取严厉措施，剥夺这些给儿子带来快乐的东西，儿子自然就越来越不快乐了。

错误认识 4：严格要求总是对的（家里制定的规则要严格执行）

我们认为对男孩一定要严格，甚至严厉，因此对于家里制定的规则执行很严格，缺乏弹性。比如儿子在幼儿园阶段，我们想让儿子停止玩耍来吃饭，如果他不停下来，就会有处罚。因为惩罚严厉，所以儿子有时不得不说谎，被我们发现后，无论是讲道理还是责罚都没有用。现在想起来，如果像维尼老师建议的那样，"有弹性地执行规则"就好了，孩子也不会那么压抑。

错误认识5：不许犯低级错误

我们不允许儿子犯小错误、低级错误，比如丢三落四、玩游戏超过约定的时间、饮料洒了等都会有处罚，所以经常会因为这些事情搞得孩子和大人都不高兴。我们都没有意识到，就像维尼老师说的，这些小错误其实都很正常，不必这样执着。

现在回想起来，当时孩子很痛苦。受我们观念的影响，他希望能达到我们的要求。虽然我们很少直接表达要他考第几名，但是我们的期望值很高，无形的压力始终存在。他是一个懂事的孩子，很配合我们的要求，但是苦于达不到我们的期望值，所以性格有些抑郁，还很焦虑，咬指甲，做作业时发呆，半夜偷偷起来玩游戏，看网络小说……到预初的时候，他已不再是一个阳光少年了，自信心弱了，与我们交流少了，距离感越来越强了。但是，那时候我们没有关注孩子的心理感受，根本不知道。

孩子初二时给我写了一封信，他认为我非常不理解他，对他的关心和说教式的沟通是那么做作。可惜，我碍于自己的面子，并没有理解和接受。

从那以后，我们的亲子关系不断走下坡路，持续了一年多。老公给我推荐维尼老师的文章；儿子也向我们求助，说自己不开心，不想学习。但当时我并没有意识到问题的症结在哪里，内心也很痛苦。

初二的暑假，孩子提出来要去看心理门诊，这给我造成进一步的打击。我用了很短的时间，认真考虑了如果儿子真的有了心理疾病，我怎么办？我很快做出一个决定，我宁可要一个心理健康、快乐的"平凡"孩子，也不要一个精神抑郁的"优秀"孩子，我希望孩子自由快乐地生活，而不是压抑地过日子。

心理出了问题，还谈什么优秀啊！

我一下子想通了，不再纠结于他作业做得快不快、对不对，学习好不好，而是真正地关心孩子自身到底好不好，尽量营造轻松的家庭气氛，周末不再逼他学习，而是给他安排去健身房锻炼、学习溜冰、去机器人俱乐部。

说起来，问题的根源就在于对孩子学习、优秀的执着，放下执着，一下子就轻松了。

初三期间，我和老公决定不给孩子任何压力，由他决定如何学习、如何考试，并且把这些想法和安排跟孩子说了。我们告诉孩子，考试排名以及能否考上市重点高中不是那么重要，我们只希望他能高高兴兴的，现在和将来都能做他喜欢做的事情。

这样安排，逐步缓解了孩子的焦虑和压力。毕竟他还是希望自己学习好的，所以，整个初三，成绩并没有下降。初三调整了一个多学期，亲子关系大大缓和，孩子也开始考虑中考和上高中的事情。我们三个人商量了中考的对策：如考不上市重点中学，去区重点读书也是不错的。孩子最后上了一所很好的高中。

不去勉强，不去过多施压，孩子反而释放出了能量。

上高中以后，我们还是坚持鼓励孩子做他喜欢做的事情，不给压力。再来说说现在我们的教育理念和对待儿子的做法。

追求幸福，而不是追求成功

过去，我们认为职业是分三六九等的，要求儿子将来要做"好"的工作，以获得幸福的生活。现在我们则认为只要能够自食其力，不成为社会的负担，做任何自己喜欢的工作都可以获得幸福。

孩子现在和将来的幸福是家庭教育的出发点和终极目标。

支持孩子做自己喜欢的事，获得快乐

追求快乐是人生存的本能。一个人做自己喜欢的事才更容易快乐，也更容易做出成绩。进入初三，儿子开始自学口琴，虽然学习时间紧张，但我们还是支持他。

帮助孩子成长为他自己的样子

父母不应强求孩子成长为自己期望的样子，而是应该让孩子发挥自己的优势，做自己感兴趣的事，帮助孩子成长为他自己。

充分肯定他做出的努力，不管结果如何

现在，即使孩子有时成绩不太好，我们也更多关注和肯定他的努力。当放下对成绩的过度执着后，我们更容易发现孩子自身向好的内在动力，儿子和我们对成绩的焦虑大大减少。我们让儿子学习维尼老师"努力之后对结果顺其自然"的理念。孩子放下执着后，没有了情绪的干扰，结果却超出了我们的预期，学习很努力。

先处理情绪，再处理事情

最近由于习惯性的计算错误问题，几次数学测验成绩都不佳，儿子很苦恼。爸爸仔细倾听了儿子的烦恼，对儿子说："计算错误影响了测验成绩，自然会很烦恼，我们先解决问题。我们要先接纳自己，测验时紧张，所以出现错误很正常。出现计算错误不要紧，重要的是在测验后订正时能够把做错的题目做对，把不会做的题目学会做，这样我们的学习目的就达到了。"这么一说，孩子也就释怀、放松了，计算出现错误的概率也变小了。

学校做加法，家里做减法

由于平常学习很累，周五放学后，儿子经常不想写作业，想好好玩一玩，放松放松。过去我们会要求他先写作业，作业写完了之后才能玩，但效果不好。现在，我们让孩子自由支配周五放学后的时间，好好放松一下。

由于作业太多，有时多到写不完，我们允许儿子不完成作业，并在儿子的备忘录上说明情况并签字。

这一段经历是很痛苦的。但坏事变好事，这已经成为我们三个人共同的财富。我们的孩子经过青春期的逆反和彷徨，现在逐渐成长为一个富有同情心、感情深沉、阳光自信、有包容心的青年，并且受到学校同学的喜欢和欢迎。我也从一个强势的母亲和妻子，逐步变成有同理心、在家里更具包容心、更亲切的女性。老公也得到了成长，夫妻关系和亲子关系都更加亲密了。

几年后，这位爸爸给我写了以下的留言。

重读三年前我和太太一起写下的家庭成长故事，我的最大感慨是不经历风雨怎么见彩虹？这里补记一下后续的故事。儿子高中三年比较顺利地度过了。他高中就读于市重点中学的普通班，成绩在全班中游上下波动，课余时间仍吹口琴自娱自乐，谈了一场青涩的恋爱（在高考前结束了）。我们和班主任对于孩子恋爱的态度是，这是一次珍贵的人生经历，不干涉，只告知注意事项。我们支持和帮助儿子与同学合作搞科技创新项目，参加全国青少年科技创新大赛，获得了一等奖和多个专项奖。高三一年，儿子专心学习，高考考出了较高水平，上了他自己喜欢的大学：北邮。离家到北京读大学的第一年，儿子的大学生活丰富多彩，创建了新生口琴社，参加了北邮新生文艺大赛，最近又迷上了摄影；当然也体验了北京的雾霾，经历了初到新环境缺少朋友的苦恼，还有大学数学课的学习困难。小鹰离巢初次飞，虽然姿势难看，但毕竟飞起来了！另外，从我们家的经历中，我和太太都真正认识到了"孩子是来帮助父母成长的"这句话的意义！在陪伴孩子成长的过程中，我和太太都慢慢变得越来越宽容，懂得如何去爱了。